Dedicado a:

_____

_____

_____

_____

_____

Para: _____

De: _____

Fecha: _____

DRS. JOSE E LIDIA ZAPICO

ANAKAINOSIS
DA TUA MENTE
TRANSFORMADA PELA RENOVAÇÃO

A Nossa Visão

Alcançar as nações levando a autenticidade da revelação da Palabra de Deus, para desenvolver a fé e o conhecimento de todos aqueles que O desejam com fervor, isto por meio de livros e materiais de audio e vídeo.

Publicado por
JVH Publications
11830 Miramar Pwky
Miramar, Fl. 33025
Direitos reservados

© 2016 JVH Publications (Edição em Português)
Primeira Edição 2014
© 2014 Jose Zapico © 2014 Esteban Zapico
Todos os direitos reservados.

ISBN 1-59900-136-5
© Jose Zapico. Reservados todos os direitos. Nenhuma porção ou parte desta obra pode ser reproduzida, nem ser guardada num sistema de armazenamento de informação, nem ser transmitida de nenhuma forma por qualquer meio (electrónico, mecânico, de fotocópias, gravação, etc.) sem a permissão prévia dos editores. A única excepção é em breves citações em resenhas impressas.

Desenho da capa e interior: Esteban Zapico e Lidia Zapico
Tradução: António Oliveira e Marta Pereira
Imagens e ilustrações: Usadas com a permissão de Shutterstock.com.y Wikipedia.org
Impresso nos USA
Printed in USACategoría: Vida Cristã

ÍNDICE

Prólogo

Capítulo 1   15
Como Funciona a Mente Dentro do Cérebro Humano?

Capítulo 2   19
As Técnicas do Controle Mental

Capítulo 3   61
As Novas Ideologias: Armadilhas para o Raciocínio

Capítulo 4   73
Destruindo Fortalezas

Capítulo 5   105
A Batalha na Via do Pensamento Raciocínio

Capítulo 6   123
As Novas Ideologias: Um Atentado à Fé

Capítulo 7   139
A Transformação do Entendimento

Capítulo 8   157
Os Inimigos dos Líderes Empreendedores

Capítulo 9   173
Guardando o Coração do Líder

Capítulo 10   183
Sendo Livre Nos Pensamentos

Capítulo 11   203
Mente Carnal ou Espiritual

Capítulo 12   209
Orações Que Alinham A Sua Mente A Cristo

Bibliografia   231

PRÓLOGO

À medida que comece a ler este livro entenderá temas fundamentais, como funciona a mente e como guardá-la, para que ela não seja afetada por nenhum meio, seja tecnológico, físico, espiritual, ou demoníaco. Quão importante é saber como funciona a mente dentro do cérebro humano e quais são as variadas técnicas de controle da mesma.

Sem darmos conta, entramos num novo ciclo na humanidade, não há palavras adequadas para o explicar. Lamentavelmente, há já um tempo que se estão preparando estes dias difíceis, que a humanidade tem que enfrentar. A sociedade da informação e o conhecimento entraram pouco a pouco numa recessão económica, fazendo com que todas as áreas sejam drasticamente perturbadas; no entanto, a juventude foi a mais afetada em todo o mundo, o que ontem tinha preponderância, hoje tornou-se obsoleto, porque está a avançar-se, a passos gigantescos, até a tudo o que é a propagação e expansão da maldade, a perseguição, manipulação e o controle das massas. Grande parte da humanidade encontra-se sem propósitos, sem futuro e sem esperança. As suas alternativas foram desviadas até às drogas, já que estas são usadas como escapatória aos problemas sem saída. O consumo cada vez maior das drogas sintéticas faz com que, cada dia, sejam mais os que se afundam na sua própria degradação, prejudicando e destruindo os neurónios do cérebro. Outros, como escapatória, voltam-se para os bandos, os roubos, a tal ponto que acabam por se integrarem em grupos rebeldes que combatem por ideologias diabólicas e nefastas.

O controle mental não é novo, há mais de um século que está a ser experimentado e usado na sociedade, em diferentes áreas e para distintos propósitos, ou simplesmente por caprichos desenfreados ou interesses próprios; o que é verdadeiramente preocupante em tudo isto é que, por meio do avanço da tecnologia, lamentavelmente, isto cada vez se aperfeiçoa mais.

É evidente que existem muitas técnicas de tentar controlar a mente, por meio de sistemas implantados, como são o "método silva", a inteligência artificial, a implementação de métodos multinível e as pirâmides de vendas, carregados subtilmente com mensagens subliminares e até controle das mentes à distância, através de radio-frequências baixas, instaurados por meio de programas avançados, como são o "Monarc", DARPAA e outros que estão sendo implantados diariamente. É como uma batalha renhida para ver quem domina a quem.

É importante reconhecer que no meio de toda esta grande realidade surge a pergunta: Porque é tão necessário conhecer acerca da mente e o que é que a Bíblia diz a respeito dela?

Da mesma maneira que a sociedade está em estado de crise, incertezas, pânicos e temores, de igual maneira a mente do homem está sendo drasticamente afetada pelo stress do meio ambiente que rodeia cada ser humano neste momento.

As crianças, nesta última década, são as que mais sentiram esta avalanche de um grande incremento de controle em distintas partes do mundo, estatísticas alarmantes mostram-nos como cada vez são maiores os transtornos mentais, sendo muitas as causas e os efeitos que produzem tudo isto.

O aumento das enfermidades mentais no mundo foi tão acelerado nos últimos 10 anos que, atualmente, um em cada quatro males crónicos no globo são psiquiátricos, alertaram os especialistas.

De acordo com a Organização Mundial de Saúde (OMS), mais de 450 milhões de pessoas no planeta experimentam algum transtorno psiquiátrico e estas representam já 12% dos indivíduos afetados por qualquer tipo de enfermidade. Especialistas em psiquiatria alertam para o aumento de transtornos mentais em meninos, registrando-se um aumento dos casos infantis de depressões e ansiedade. Também aumenta o índice de suicídios por fracasso escolar; por outra parte, a crise económica mundial multiplica a incidência dos transtornos mentais em adultos.

A mente é a porta de acesso tanto no interior como

> no exterior do homem e é, por sua vez, o campo de batalha mais vulnerável, já que, por todos os meios possíveis, o inimigo tenta estabelecer as novas e marcadas ideologias, que são como espécies de armadilhas subtis, estabelecendo fortalezas espirituais nela, fazendo que a batalha na via do pensamento seja cada vez maior.

A leitura deste livro vai ajudá-lo a conhecer mais acerca da alma, como atuam os pensamentos e afetam a mente de cada pessoa, como a Palavra de Deus o ensina a derrubar as fortalezas, para que possa experimentar uma verdadeira transformação.

Cada dia é maior a forma subtil dos inimigos tenebrosos que tentam desanimar e confundir os líderes dispostos a empreender e realizar tudo aquilo que o Senhor está mandando fazer; é muito importante que aprenda a guardar o seu coração de toda a contaminação, raíz de amargura e ressentimento, que possa ter uma atitude correta de manter o coração puro, porque só assim se poderá ver a Deus.

Quando começa a experimentar que é livre de pensamentos contrários e destrutivos que vieram contra si, mantendo uma mente espiritual e não carnal e estando disposto a orar alinhado corretamente com a vontade de Deus, tudo isto o levará a ter a mente de Cristo e Cristo a estar também na sua mente.

Animámo-lo a ler por completo este livro, crendo com toda a certeza de fé e confiança em Deus e na Sua Palavra., que será levado/a a ter uma mente renovada.

1

Como Funciona a Mente Dentro do Cérebro Humano?

A mente implica um conjunto de processos e atividades que se desenrolam de maneira consciente ou inconsciente na psique e que, na sua maoiria, são de caráter cognitivo; esta palavra tem a ver com aquilo que pertence ou que está relacionado com o conhecimento, que, por sua vez, é o cúmulo de informação de que se dispõe graças a um processo de aprendizagem ou à experiência. Trata-se de uma faculdade do cérebro que permite ao ser humano compilar informação, analizá-la e tirar conclusões. Pode dizer-se que a mente é responsável pela criação de pensamentos, raciocínio, entendimento, memória, emoção e imaginação. Todas as habilidades cognitivas de uma pessoa surgem dos seus processos mentais.

A palavra "mente" provém do latim *mens*. O conceito de mente faz referência a uma dimensão ou a um fenómeno complexo que se associa ao pensamento. Pode definir-se a mente como a potência intelectual da alma. Por exemplo: - *"Se queres resolver esta adivinha, terás que usar a mente",*... - *" Eu tenho em mente o que vou fazer com o dinheiro", - "Basta de estudo por hoje, tenho a mente esgotada"*. Sim, claro que se esgota, porque é carnal, a mente não é espiritual, cansa-se e esgota-se. Ela tem que ser levada cativa à mente de

Anakainosis da Vossa Mente

Cristo para que seja eficaz para o crente, senão converte-se no inimigo número um da alma redimida. Ela é como a porta sincronizda com os cinco sentidos para o mundo exterior. Por isso, é a parte mais sensível do corpo humano quando recebe os dardos do mal que operam no mundo espiritual. Por tal razão, cada crente tem que estar dependente de si mesmo para manter uma mente sã.

> A sociedade está focada em ter um corpo são. Mas se a mente não está sã, afetará o corpo e o espírito.

A mente é a porta que se liga ao mundo espiritual, por isso é continuamente atacada, porque ela, pela sua própria natureza não redimida e carnal, é sempre atraída pelo mal.

A pessoa, indiscriminadamente (não importa se é cristão ou não), recebe ataques. Quando se fala dos ataques na mente está a referir-se aos dardos a que ela constantemente está exposta, os quais se realizam através dos pensamentos, que, por sua vez, vão afetar os sentimentos. Estes dardos tocarão no espiritual as crenças do ser humano, quer dizer, a sua lógica. O crer ou não crer em algo (que por sua vez contradizem a verdade) será o motivo do dardo. Porque é muito importante o que a gente crê ou deixa de crer no seu raciocínio (dúvida ou fé), a mente está exposta e unida aos cinco sentidos, já que ela depende do que toca, vê, ouve e percebe no tacto e no cheiro.

A mente funciona unida com o cérebro, com o sistema nervoso, o coração espiritual, consciência e inconsciência. Ela é formada por este conjunto maravilhoso e, ao mesmo tempo, muito complexo, chamado alma.

O Cérebro: Máquina Extraordinária do Criador

O cérebro é um órgão que se encontra na cavidade craneana e que apresenta uma grande quantidade de neurónios (células do sistema nervoso). A mente, ao contrário, emerge do cérebro como consequência do funcionamento deste órgão. Outra forma de entender como funciona a mente pode ver-se como o nexo, ou a etapa que existe entre um estímulo que chega ao organismo e uma resposta.

A mente é a encarregada do processamento da informação que recebemos, permitindo-nos responder e desenvolver uma certa conduta.

Utiliza-se o termo "mental" para fazer referência a tudo aquilo que se relacione com a mente humana, as suas funções, capacidades e alterações. Esta palavra também é usada como um qualificativo para determinado tipo de personalidades, nas quais o uso da razão e da racionalidade é uma característica que sobressai por cima das demais. Diferindo das outras partes do corpo, a mente é aquela que tem que ver também com a área espiritual em si, um fenómeno que toma lugar no cérebro e que implica o entendimento, a razão, o conhecimento e a linguagem, entre outras muitas capacidades que diferenciam o ser humano do reino animal e vegetal. A possibilidade de se tornar um ser consciente de si mesmo, dos demais e de tudo o que o rodeia, é uma capacidade que surge a partir da mente.

> A mente é, para além do mais, o que permite ao ser humano desenvolver a sua vontade, memória e entendimento, três elementos que são únicos e diferentes de indivíduo para indivíduo.

Apesar de estar diretamente vinculada com a capacidade de pensar e raciocinar, a mente é também o espaço onde se geram outras sensações relacionadas mais com as emoções, como o sentir, a capacidade de sentir amor, ódio, alegria, medo ou desejo e é aí onde a mesma é fortemente influenciada pelo espiritual.

O estudo do funcionamento da mente permite conhecer como o cérebro reage a determinados estímulos, mas é muito mais difícil explicar, dum ponto de vista concreto, os comportamentos e as atitudes das pessoas, já que os mesmos não podem ser reduzidos à equação estímulo-resposta. Neste sentido, a mente pode apresentar ou desenvolver com o tempo tendências a certas alterações. Estas alterações podem ser genéticas e hereditárias, ou até adquiridas através do meio no qual a pessoa interage ou se insere.

A mente do ser humano é o espaço abstrato no qual se guardam ou armazenam elementos, como os conhecimentos ou aprendizagens que se vão recebendo ao longo da vida.

As recordações e a memória formam uma parte muito importante no cérebro, já que permitem à pessoa guiar-se no seu dia a dia. Por exemplo, elas permitem que se reconheçam sempre as mesmas pessoas e não as esqueçam e a racionalização de determinadas sensações físicas ou estímulos sensíveis (por exemplo, que determinado cheiro se deve a determinada circunstância).

Outros elementos que se alojam na mente são também temores de todo o tipo, preocupações, traumas e dores, que uma pessoa viveu ao longo da sua vida.

E que, sem dúvida, afetam a maneira de tratar os outros e também na maneira como se vive o dia a dia, estando ferida por tudo aquilo que o inimigo conseguiu causar dano nela.

O cérebro está composto por elementos biológicos, cientificamente há bilhões de neurónios ou células cerebrais.

Cada neurónio está ligado a outros neurónios, através de milhares de ligações. Quando as multiplicamos podemos ver que há trilhões de ligações no cérebro. Embora isto seja apenas 2% do peso corporal, usa 20 a 25% das calorias consumidas no organismo.. É importante entender a complexidade do cérebro humano, é uma máquina biológica perfeita, que contém milhões de neurónios (que são, de certo modo, "processadores" elementares) e 100.000.000.000.000 (10^{14}) ligações, entre elas, com idêntica capacidade em "bytes".

Isto é muito mais que o número de estrelas que se estima haver na Via Látea (10^{11}) e equivale a uns 20 milhões de livros de 500 páginas, ou seja, a soma de todos os textos atualmente contidos em todas as bibliotecas da Terra

O cérebro é o computador de maior capacidade de armazenamento de informação do mundo (280 trilhões de "bytes"). A unidade anatómica e funcional do cérebro é o neurónio (célula do sistema nervoso). O cérebro humano pesa menos de 1,5 quilograma massa, e contém uns 10.000 milhões de neurónios; cada um deles estabelece entre 10.000 e 50.000 contactos com

Como Funciona a Mente Dentrodo Cérebro Humano?

as células vizinhas, podendo receber até 200.000 mensagens.

O cérebro corresponde à porção mais desenvolvida do encéfalo. Está dividido em duas metades, chamadas hemisférios cerebrais, um direito e outro esquerdo. O encéfalo é a parte do sistema nervoso central encerrado na cavidade craneana. O mesmo divide-se em:
– Cérebro anterior.
– Cérebro médio
– Cérebro posterior.

O cérebro posterior ou rombo encéfalo encontra-se localizado na parte imediatamente superior da espinal medula. Também o alargamento do telencéfalo forma os hemisférios cerebrais que constam de três lóbulos: frontal, temporal e occipital. Externamente os hemisférios têm múltiplas pregas separadas por fendas que quando são profundas chamam-se incisões.

Conhecendo os Dois Hemisférios

O hemisfério direito e o esquerdo controlam funções absolutamente diferentes. Enquanto que o primeiro manda sobre faculdades como a capacidade criativa, artística e a orientação espacial, o segundo fá-lo sobre outras, como o cálculo matemático, a compreensão verbal e a memória; apesar disso ambos se completam. Os dois hemisférios estão unidos pelo corpo caloso, formado por fibras que cruzam de um hemisfério a outro. O córtex cerebral é uma camada de matéria cinzenta que se estende sobre a superfície dos hemisférios. Destas estruturas do encéfalo só vamos estudar algumas que são mais importantes para a compreensão das bases fisiológicas do comportamento.

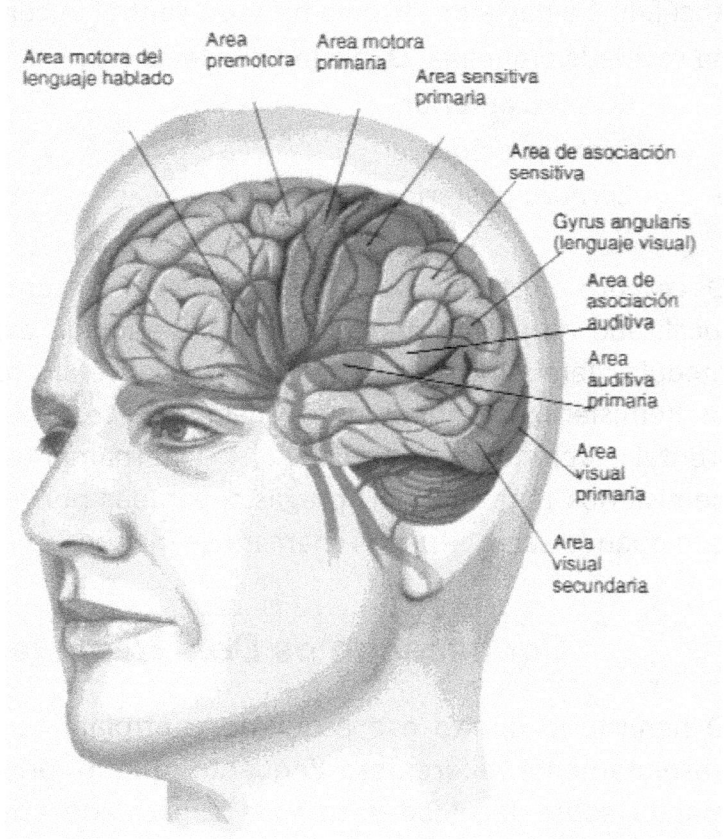

No cérebro distinguem-se três estruturas fundamentais, que são: o córtex cerebral, formado por uma substância cinzenta (a "soma", o corpo celular dos neurónios); a

Como Funciona a Mente Dentrodo Cérebro Humano?

porção, ou massa central, constituida por uma substância branca, ou corpo caloso (os axónios dos neurónios) e os núcleos, formados por agrupações ou grânulos de substância cinzenta.

O córtex cerebral apresenta certas pregas e fendas. As pregas (dobras) denominam-se circunvoluções. Produzem-se nele as mais complexas interligações neuronais, que proporcionam ao homem a sua capacidade intelectual e emocional. Cada hemisfério está externamente dividido em quatro lóbulos, o frontal, o parietal, o occipital e o temporal. Neles encontram-se áreas motoras e sensitivas específicas. O controle do corpo por parte dos hemisférios é cruzado. Quer dizer, o hemisfério direito domina a metade esquerda do corpo e o esquerdo, a metade direita.

> A atividade do cérebro consiste em processar milhares de milhões de impulsos elétricos (impulsos nervosos) que viajam através dos neurónios a uma velocidade que alcançam os 300 Kilómetros por hora (Km/h) e cuja frequência, ou número de pulsações, constitui o elemento variável da mensagem codificada.

Mas o impulso nervoso não pode saltar de um neurónio para outro. Para percorrer a distância, o neurónio liberta um autêntico "mensageiro químico", chamado neurotransmissor. Chama-se neurotransmissor a toda a substância química libertada por qualquer terminação nervosa que transmite um impulso de um neurónio a outro, a um músculo ou a uma glândula. Ao processo pelo qual uma célula pré-sináptica liberta um neurotransmissor chama-se neurohumoral. O lugar onde os neurónios se unem (não fisicamente) é chamado uma sinapse. Os impulsos nervosos passam pela sinapse numa só direção, do axônio de um neurónio para o dendrito de outro neurónio.

> A saúde mental depende em grande medida do que ocorra ao neurotransmissor no caminho.

Se é destruído por enzimas prejudiciais antes de chegar ao seu destino, ou ao chegar ao axónio vizinho não encontra o destinatário da mensagem, a comunicação corta-se. Também pode suceder que os neurónios do cérebro, por alguma falha genética ou alguma lesão exterior, não formam quantidade suficiente de certo neurotransmissor químico.

> O cérebro é um órgão de enorme complexidade e os processos bioquímicos que intervêm no seu funcionamento são tão precisos e delicados que diversas substâncias ingeridas, aspiradas ou injetadas, alteram o seu funcionamentoi ou o danificam.

O cérebro, que se apresenta geralmente em forma de um grosso ovoide, com a extremidade posterior mais

Como Funciona a Mente Dentrodo Cérebro Humano?

larga do que a anterior, ocupa grande parte do crâneo, incluindo a fossa craniana posterior. O volume e o peso variam dependendo da idade, da forma do crânio e são também claramente diferenciados de acordo com o sexo. Os biólogos estão testando muitos produtos químicos, tais como narcóticos e tranqüilizantes, para saber como afetam os sistemas enzimáticos e outros compostos químicos do sistema nervoso.

Como as Drogas Afetam a Química do Cérebro?

Demonstrou-se cientificamente que drogas como a cocaína obriga o cérebro a libertar de imediato alguns neurotransmissores, sobretudo a dopamina, a serotonina e a norepinefrina. Este estímulo exagerado é o que causa a "euforia" experimentada pelo usuário. Como a droga bloquéia o retorno dos neurotransmissores aos neurônios para a sua posterior utilização, o cérebro é finalmente forçado ao extremo e anseia por estimulação compensatória, quer dizer, produz-se um transtorno da química cerebral.

Os viciados na cocaína tornam-se dopamino dependentes e cada vez necessitam de maiores níveis de dopamina para alcançar o seu estado de euforia.

Não sentem prazer com as coisas normais da vida, mas têm que usar drogas cada vez mais fortes para atingir os níveis de dopamina que lhes produzem prazer. O efeito da cocaína ou do crack no cérebro foi comparado com a retirada excessiva de fundos do banco, para além da quantidade disponível, a fim de os gastar caprichosamente.

O mais importante é ter conhecimento do estrago que causam ao cérebro as diferentes drogas que estão no mercado, danificando o funcionamento dos neurônios, e como se livrar dela o mais cedo possível, antes que causem mais destruição ao corpo.

> Só o Criador e Todo-Poderoso Deus pode curar algo tão complexo e por sua vez tão maravilhoso, que o homem ainda não foi capaz de compreender completamente, que é o cérebro.

2

As Técnicas do Controle Mental

De acordo com um dos relatórios publicados pela Organização Mundial de Saúde, o aumento das enfermidades mentais no mundo foi tão acelerado nos últimos 10 anos que atualmente um em cada quatro males crónicos no mundo são psiquiátricos, alertaram os especialistas. De acordo com a OMS mais de 450 milhões de pessoas no planeta experimentam algum transtorno psiquiátrico e estas já representam 12% dos indivíduos afetados por algum tipo de doença.

Especialistas em psiquiatria alertam para o aumento de transtornos mentais em crianças. Registra-se um aumento dos casos infantis de depressões ou ansiedades. Também aumenta o índice de suicídios por fracasso escolar; a crise económica mundial multiplica a incidência dos transtornos mentais em adultos.

Espanha

Mais de dez milhões de pessoas sofrem de um transtorno mental, como depressão, ansiedade, esquizofrenia ou tanstorno bipolar, em Espanha, segundo a Asociación de Psiquiatría Privada (ASEPP), que adverte para o facto de se registrar um aumento dos casos infantis e do índice de suicídios por fracasso escolar. O stress atual unido à crise económica, a pressão sobre a própria imagem, a redução das horas de sono e o aumento da competitividade empresarial, são alguns fatores que, segundo a ASEPP, se repercutem no incremento da incidência dos transtornos mentais, que se "multiplicaram nos últimos quarenta anos".

Honduras

A falta de um emprego e a situação económica de milhares de hondurenhos ocasionou que muitos cheguem aos hospitais psiquiátricos em busca de tratamentos contra os transtornos mentais, que vão desde o stress até à depressão, enfermidades que poderiam levá-los ao suicídio. "É incrível que diariamente neste hospital se atendem até 300 pacientes que apresentam diferentes transtornos, os quais precisam de receber atenção médica para que a enfermidade não avance".

México

Um em cada cinco mexicanos já experimentaram algum tipo de transtorno mental, mas só 25% dessa população receberam atenção psiquiátrica. No México, observaram os especialistas, uma pessoa que é afetada por algum transtorno mental leva entre quatro e vinte anos a procurar atendimento médico ou a conseguir algum especialista na matéria.

União Europeia

Continua a aumentar o número de transtornos mentais, bem como o número de suicídios associados. Assim, por exemplo, em Itália, estima-se que duas pessoas por semana tiram a própria vida Também nos diz que um dos exemplos mais evidentes é o da Grécia, um dos países que mantinha os índices de suícidio mais baixos de toda a Europa, mas que viu esses índices duplicarem por causa da crise.

Estados Unidos

Entre 1996 e 2007, a taxa de altas hospitalares psiquiátricas cresceu mais de 80 por cento entre crianças de 5 a 13 anos e 42 por cento em crianças mais velhas, disse a investigação publicada em "Archives of General Psychiatry". As admissões hospitalares de curto prazo, por enfermidade mental, subiram de 156 para 283 por cada 100.000 crianças/ano, durante os 10 anos do estudo, que se baseou em dados da Pesquisa Nacional de Altas Hospitalares. O transtorno bipolar foi o que mais aumentou entre os jovens, enquanto os diagnósticos de ansiedade foram reduzidos, disse o estudo. De acordo com um inquérito realizado pelo governo dos Estados Unidos em 2010, hoje, 1 em cada 10 crianças nos Estados Unidos sofre de Transtorno por

Défice de Atenção com Hiperatividade (TDAH) – um aumento de 22 por cento desde 2003. O TDAH faz com que as crianças tenham dificuldade em prestar atenção e a controlar o comportamento impulsivo, e um número cada vez maior de crianças de mais idade, entre elas estudantes de escolas secundárias, estão classificadas como TDAH. Também está a aumentar a prevalência de adultos com TDAH.

Os transtornos de ansiedade: A epidemia silenciosa do século XXI

Os Transtornos de Ansiedade são considerados como os transtornos mentais mais prevalecentes na atualidade. Englobam toda uma série de quadros clínicos que compartilham, como uma característica comum, a presença de extrema ansiedade de natureza patológica, que se manifesta em várias disfunções e desequilíbrios a nível cognitivo, comportamental e psicofisiológico.

A técnica de controlar a mente também é conhecida como manipulação, reforma do pensamento, lavagem cerebral, controle da mente, persuasão coerciva, uso maligno de grupos dinâmicos e muitas outras maneiras e alternativas. Convém recordar que o controle mental vem sob a sombra da persuasão e influência (tentando mudar as crenças e os comportamentos das pessoas). Algumas pessoas irão debater que tudo é manipulação (é um pretexto utilizado com frequência pelos membros de seitas, onde o líder está tratando de esconder o que faz diante deles). Neste caso extremo, os seres humanos encontram-se sedados por práticas incorretas e seitas destrutivas.

> Estes grupos usam o engano e diferentes táticas ou técnicas de controle mental para tirar proveito das debilidades.

E também dos pontos fortes dos membros, que serão utilizados pelos líderes da seita para atender às suas próprias necessidades e desejos.

O que é o Controle Mental?

O controle mental é um sistema de influências que altera de maneira significativa um indivíduo no seu próprio centro, ao nível da sua identidade (os seus valores, crenças, preferências, decisões, emoções, comportamentos, relações e diferentes ambientes da sua própria vida), criando uma nova pseudo identidade ou pseudo personalidade.

Philip Zimbardo disse que o controle mental é um "processo pelo qual a liberdade de escolher ou agir de um indivíduo ou de um coletivo é comprometida por agentes ou organismos que modificam ou distorcem a percepção, a motivação, o afeto, a cognição e os resultados mentais" e sugere que cada pessoa é susceptível de tal manipulação.

Anakainosis da Vossa Mente

Este não é um mistério antigo conhecido somente por uns poucos, são palavras e grupos de pressão, organizados de tal forma que permitem ao manipulador criar dependência nos seus seguidores, tomar as decisões por eles, enquanto lhes permite pensar que são independentes e livres para decidir. Quer dizer, as pessoas não estão conscientes do processo de influência, nem das mudanças que estão a ocorrer dentro delas mesmas.

Em primeiro lugar, o controle da mente é um processo subtil. Esta palavra significa que a pessoa não está consciente da extensão da influência que lhe está sendo imposta. Desta forma, vão fazendo pequenas mudanças de cada vez, muitas vezes, acreditando que estão a tomar as decisões por si próprios, quando, na realidade, todas as decisões foram tomadas por outros. E é um processo que não ocorre imediatamente.

É preciso tempo, embora o espaço de tempo vai depender de vários fatores, tais como os métodos utilizados, a duração da exposição das técnicas e outros fatores pessoais e sociais. Existem forças envolvidas. Pode haver ou não força física, mas, definitivamente, há força e instigação de enganos e mentiras operados por espíritos demoníacos que conseguem posicionar-se, conseguindo aprisionar as mentes.

Controle Mental vs. Lavagem Cerebral

Steve Hassan faz uma interessante distinção entre controle mental e lavagem cerebral. Disse que na lavagem cerebral a vítima sabe que o agressor é um inimigo. Por exemplo, os prisioneiros de guerra sabem que a pessoa que lhes está fazendo a lavagem ao cérebro e/ou a tortura, é um inimigo, e com frequência compreendem que manter-se com vida depende de mudar o seu sistema de crenças. São obrigados, muitas vezes pela força física, a fazer coisas que normalmente não fariam. No entanto, quando a vítima escapa da influência do inimigo, os efeitos da lavagem cerebral com frequência desaparecem. O controle da mente é mais subtil e sofisticado, porque muitas vezes a pessoa que faz a manipulação é considerada um amigo ou um professor, de maneira que a vítima não está tratando de se defender; na verdade, ele ou ela, pode ser um participante disposto e serviçal e, crendo que o manipulador tem os melhores desejos em mente, frequentemente fornecem informação privada por vontade própria, que depois será usada contra ela, para continuar com o controle mental.

A tecnologia moderna é uma das principais formas de controle de frequências.

É por isso que a coação pode alterar o comportamento, mas a persuasão coerciva (controle da mente) vai mudar

Anakainosis da Vossa Mente

a atitude e o comportamento. E a "vítima" está feliz e participa ativamente nas mudanças, crendo ser o melhor para ela!

Há toda uma geração que se está eliminando com o que a T.V. sugere, e vai abastecendo a sociedade médica. Eles podem pensar que alguns programas elevam e mostram quão livre se pode ser, mas em forma subliminar está sendo-lhes dado uma frequência que os mantém passivos. A mensagem subliminar mantém-nos imobilizados e sujeitos ao "sobreviver, chegar, ser pontual, calar-se, ir para o trabalho." A TV também promove a inatividade e o sedentarismo. O uso desta tecnologia para alterar a consciência humana já é um programa mundial. Só em pensar que algumas casas têm mais de um televisor. você vai concordar que o programa tem sido bem sucedido." "A eletrónica também interfere com a freqüência e em alguns casos produz estática na mente das pessoas, para que elas se mantenham dentro de uma certa vibração, o de ser passivos, inativos e "animais" produtivos."

Logo se seguem os computadores. Quantos hoje em dia não estão afetados nas costas depois de trabalhar oito horas nas grandes empresas?

Estas grandes corporações sabem sobre o controle mental e usam as mentes para gerar algo que lhes trará proveito O sistema de educação é outra área donde são controlados.

Quando Paulo advertiu os crentes de Corinto para não serem ignorantes dos "ardis" do diabo, a palavra grega para ardis significa "planos" e vem da mesma palavra usada para "mente".

Controle Mental Baseado no Trauma

Para poder entender como ajudar uma alma ferida ou uma mente totalmente traumatizada, deve saber-se como trabalharam hostilmente com ela, usando métodos agressivos e nocivos durante anos, conseguindo fragmentar a alma com terror e trauma a fim de a controlar. Analisemos algo:

> "Mediante experiências traumáticas a mente protege-se, fragmentando a dita informação. Através deste processo a mente dissocia-se de si mesma e estes fragmentos podem ser usados para formar personalidades estanque, quer dizer, "personalidades com identidade própria e distinta das demais." Atualmente esta patologia é conhecida nos Estados Unidos como: MPD (*Multiply Personality Disorder*), em português, "Distúrbio Múltiplo de Personalidade" ou DID *(Disociative Identity Disorder)*, "Distúrbio Dissociativo de Identidade".

Desde há muito tempo, sociedades secretas ou identidades ocultas têm utilizado a programação mental por dois motivos. Basica e fundamentalmente, para eles era "não permitir que os seus afiliados geracionais se libertassem e saíssem dos seus planos obscuros para a luz". O bloqueio mental é importante para estas seitas satânicas; e, em segundo lugar, para os ocultistas de alto escalão, o sacrifício de humanos e tomar sangue é muito importante; para conseguir isso, tem que haver uma ruptura nas emoções, para serem insensíveis à dor dos outros. Uma vez realizado (matar alguém), a alma perde toda a sensibilidade.

> Se bem recordamos, na década de 80, na Califórnia, levantou-se a igreja satânica, sendo seus transmissores os controversos cantores de rock.

Infelizmente eles o praticavam abertamente em estádios diante de milhares de jovens. A letra e a música foram os agentes mais poderosos que eles utilizaram, com a qual alcançavam a alma dos ouvintes, desenvolvendo a rebelião, a ira, a dependência à música, à droga e ao Rock. Mais tarde passavam às drogas e ao viver depreciando tudo o que é correcto, que respeita a Deus e à Sua Palavra. Hoje em dia este trauma estendeu-se aos jovens recrutados por sicários e por organizações terroristas, que são mercenárias, para os converter em combatentes legionários usados para os seus ideais.

As Técnicas de Abuso Usadas nas Crianças

Um menor de cinco anos ainda não solidificou o seu ego nem a sua identidade própria, quer dizer, a sua personalidade. Tão pouco tem as normas morais e a consciência desenvolvida como a de um adulto, ainda está saindo, como o sol ao amanhecer, do inconsciente para o consciente, que vai culminar mais ou menos no início da adolescência; através dos traumas e sua estruturação vil, ao violar ou traumatizar uma criancinha, por meio de abuso, podem criar-se várias personalidades dentro de si, sendo que muitas delas nem sequer têm consciência de tal existência; quanto mais forte é o trauma, mais fortes são as paredes que se criam. O inconsciente levanta paredes de escape emocional durante o trauma, a que se lhes pode chamar amnésia , que vai criar múltiplas personalidades. Um "alter" (do verbo altear, que significa elevar, dar maior altura a alguma coisa, como um muro), por definição, é uma parte dissociada do cérebro que o programador desenvolve, dando-lhe uma identidade, uma história, um lugar e ocupação na mente para criar uma personalidade completa. (Quando nos referimos ao "programador" estamos a falar de pessoas especializadas para realizar traumas a crianças, que foram escolhidas para fazer parte de sociedades secretas e usá-las quando crescerem para os seus fins, dentro do sistema que queiram instalar do NOM).

O próprio alter **dissocia-se da dor, medo e lembranças da tortura;** estas dissociacões são chamadas de *fragmentos*. (Chamaremos a uma pessoa "dissociada" quando o trauma já causou o controle da sua mente, através do trauma que um programador conseguiu fazer na vítima). Uma pessoa *dissociada* pode sentir-se mal ao entrar no quarto onde foi abusada sem saber porquê. Na eventualidade de que o *alter* se acerque a uma lembrança de um trauma causado pelo programador e, em consequência, sinta raiva dele ou da família, o programador redireciona a raiva a outro objeto. **O conjunto de milhares de *alteres* e fragmentos formam um sistema**, quer dizer, o mundo interno da pessoa. Aí se entende porque, quando uma pessoa sofreu um trauma, muitas vezes se refugia na sua mente, dentro do seu próprio mundo. Outros podem estar com os seus auriculares postos, enquanto deixam o corpo e vão a outros lugares, que, no seu inconsciente, são lugares de escape, onde se sentem bem.

> É importante mencionar os traumas usados para experimentar os mecanismos para a sobrevivência do corpo humano na 2ª. Guerra Mundial.

Na Segunda Guerra Mundial criaram-se as condições necessárias para poder experimentar a resistência e os mecanismos de sobrevivência do corpo humano frente ao trauma. Os campos de concentração nazis serviram

de laboratório, e a raça judia, cigana, doentes mentais e outros, foram utilizados como "cobaias".
Um dos cientistas mais sangrentos foi o Dr. Mengele, proveniente de uma destacada família. Mengele estudou em Munique, Alemanha, sobre fisiologia, antropologia e medicina, e, para além de tudo isto, era um especialista em Cabalismo e demonização. Algumas das experiências levadas a cabo nos campos consistiam em calcular a resistência do corpo ao frio até saber o ponto de "rotura", ou seja, antes de morrer. Estas e outras experiências, nas quais as pessoas sofriam até à morte, causavam-lhes delírios alucinógenos. Estes cientistas tiveram acesso a documentos, em forma de hieróglifos, papiros e tábuas de civilizações antigas, guardadas em bibliotecas antigas, que ao longo da história foram roubando e escondendo, principalmente de índole ocultista.

Antes do fim da guerra foi aprovado *o Projeto Paperclip,* e as anotações e investigações nazis foram caindo nas mãos dos aliados (Inglaterra e Estados Unidos). *O Projeto Paperclip* consistiu em acolher cientistas e alguns militares de alto escalão, que colaborarão com a família, para trabalhar nos EUA e no Canadá.

O Controle nos Meios de Comunicação

Os meios de comunicação são uma poderosa arma com o fim de controlar os pensamentos das massas.

Transmitem os objetivos-chave para que sejam aceitáveis e não muito questionáveis. Todo o perfil que é enviado foi meticulosamente planejado com antecedência, o objectivo é de influenciar as mentes, para que possam crer no que se lhes quer mostrar, mesmo que a realidade seja outra.

A união das empresas de mídia nas últimas décadas gerou uma oligarquia de conglomerados de mídia. Tais como:
- Programas de televisão que doutrinam, com a sua linguagem e modismo.

- Música secular que é vendida, inspirando suicídio, sexo ilegal e muito mais.

- Filmes de ficção científica, que revelam os seus planos para o futuro da humanidade.

- Toda a imprensa escrita que se lê com facilidade pelos métodos oferecidos pela tecnologia é produzida por cinco empresas, cujos proprietários têm laços estreitos com a elite mundial.

Estes conglomerados têm o poder de criar na mente dos incautos uma visão do mundo e do futuro irreal, mas ao mesmo tempo padronizam "o pensamento humano", o que não deixa de ser um perigo para a liberdade humana, porque cada vez o ser humano fica mais reduzido e impotente para tomar as suas próprias decisões. Rodeado por obstáculos económicos, sociais, fica até mesmo limitado nos seus desejos. A noção de escapismo é ainda mais relevante hoje em dia, pelo grande crescimento de entretenimentos, que levam as mentes dos jovens e adultos a viverem num mundo de fantasia, que video-jogos online, filmes em 3D e os cinemas locais, tomam relevância nas pessoas.

As Ondas de Baixa Frequência

Os cientistas investigaram que através das ondas magnéticas que se movem na primeira camada da terra, as altas e as ondas de baixa frequência, estas podem exercer uma importante influência negativa para o cérebro, estando já a usar isso para influenciar tanto indivíduos e massas. Pode parecer complicado, mas é simples quando se entende um pouco de geografia física e como opera o magnetismo na terra. Esta tem camadas diferentes, especialmente a ionosfera, que recebe as descargas elétricas do sol e atua como escudo contra os ventos solares, protegendo a natureza terrestre. Se o egoísmo humano, que quer ser deus, conseguisse romper estas camadas atmsféricas que Deus pôs para proteger a terra e todo o ser vivente nela, tudo seria transtornado, e isso é o que que querem alcançar.

A Ionosfera da Terra

Segundo o dicionário RAE a *ionosfera* é: *"Conjunto de*

camadas da atmosfera que estão acima dos 80 Km. Apresentam uma forte ionização causada pela radiação solar, e afetam de modo significativo a propagação das ondas radioelétricas". Deus criou tudo perfeito. Então porque é que algo que funcionou duma forma perfeita durante milhares de anos, agora se converte no próprio inimigo da terra? NÃO é Deus que está mudando o clima nem provocando terremotos diários nas camadas tectónicas da terra, simplesmente o homem está querendo destruir o que foi criado por Deus. Analisemos certos pontos importantes que Nicholas Jones escreveu relacionado com o tema:

> "A terra está envolta num campo magnético em forma de rosca. Linhas circulares de fluxo descem de forma contínua no Pólo Norte e emergem do Pólo Sul. A ionosfera é um condutor de ondas eletromagnéticas, 100 km acima do solo, e consiste numa camada de partículas carregadas eletricamente, que atuam como um escudo contra os ventos solares. As ondas naturais estão relacionadas com a atividade elétrica na atmosfera, que se acredita ser causada por várias tempestades elétricas solares. Em conjunto, estas ondas são chamadas de 'A ressonância Schumann', mais forte na 7,8 Hz. Estas são ondas de frequência extremamente baixa (ELF - siglas em inglês), que existem na cavidade eletromagnética natural na terra, entre o espaço que desde o solo à ionosfera. Estas *ondas cerebrais da terra* são idênticas às do espectro das ondas cerebrais". Estas ondas,

atingindo certas áreas, podem provocar mudanças de humor que vão afetar milhões de pessoas".

Especialistas no tema dizem-nos: "Em breves palavras, a ionosfera é uma espécie de trampolim. Quando se lançam frequências para cima, estas são devolvidas à terra pela ionosfera."

É um facto que partes ou segmentos do cérebro da população, principalmente do hemisfério direito, do hipotálamo e dos lóbulos pré-frontais, são literalmente anestesiados ou manipulados, usando ondas de extrema baixa frequência (ELF) de tecnologias de radiofrequência, como já foi mencionado, e também por vários agentes químicos que podem ser introduzidos de várias formas no corpo através da pele e que atuam em sinergia para trazer mudanças de comportamento e transtornos mentais.

Segundo a descrição da patente, estas ondas podem "converter-se em sinais nervosos que podem enviar-se ao cérebro, permitindo que este perceba uma linguagem inteligível". O que faz esta tecnologia é baixar *a frequência do cérebro,* alargando as ondas cerebrais, mergulhando a população humana numa hipnose profunda e causando perturbações na grade planetária.

O cérebro humano utiliza, registra e responde a ondas de frequência extremamente baixa.

A atmosfera é um meio condutor, devido aos metais ionizados que as frequências que são transmitidas entre a população contêm.

- Está comprovado que as frequências de 7.8 Hz. provocam um estado modificado súbito;
- as frequências de 6.6 Hz. causam depressão;

- 10 Hz. (10 Hz põem as pessoas num estado hipnótico (os russos e os nortecoreanos utilizaram isto em máquinas de controlo mental portáteis para obter confissões);

- ondas de 10.8 Hz. geram distúrbios nas ruas.

Definitivamente as massas passaram a ser "cobaias de laboratório". Estas experiências tem ido mais longe do que o esperado, uma vez que podem tocar a mente, a sua memória e até, acredita-se, a consciência de um indivíduo. Até a personalidade pode ser modificada por estas ondas eletromagnéticas. Esta tecnologia é real, e está a ser usada a nível mundial através de mecanismos semelhantes aos que os sinais de rádio e o sistema de telecomunicação utilizam, meios através dos quais a humanidade pode ser eletro-magneticamente controlada, influenciada pelas antenas dos telefones celulares e outros meios da tecnologia.

O controle mental pela Nanotecnologia

Como operam através de controle remoto as nanopartículas, a fim de controlarem a mente e o comportamento humano? Pode perguntar: Poderão talvez já *as nano partículas* dentro do corpo controlar remotamente a mente e o comportamento humano? Chamamos a isto: O **Controle mental através do nanotecnológico.** Você já se perguntou:-Como é que isto é possível? Investiguemos este interessante tema dentro do artigo de **Rudy2´sMultilingual Blog.**

> "**...os cientistas descobriram como utilizar as nano partículas para controlar remotamente o comportamento dos seres humanos.** Estamos a entrar numa época em que os avanços extraordinários que se fizeram nos campos da nanotecnologia, da neurologia, da psicologia, das ciências informáticas, das telecomunicações, e da inteligência artificial, **serão usados para controlar a população.** Os cientistas estão anunciando que quando a sociedade no futuro experimentar uma fusão completa e total de uma mudança de mentalidade (chamada pela Nova Era mudança de consciência), os governos em todo o mundo ver-se-ão tentados a usar métodos que têm vindo a elaborar há anos. Por esta razão, alguns dos avanços mais recentes no domínio da nanotecnologia são tão preocupantes, sobretudo pelo que uma equipa de investigadores da *Universidade de Buffalo,* em Nova York publicou o que tinha descoberto, que é realmente alarmante.

O que se segue é um resumo do seu recente comunicado de imprensa: "**...As nanopartículas magnéticas dirigidas às membranas celulares podem controlar de modo remoto os canais iónicos, os neurónios e até o comportamento, segundo um artículo publicado na revista "*Nature Nanote-chnology*"por médicos da Universidade de Buffalo.**"

Então perguntamos: "Existe então o uso de *nanopartículas* para controlar remotamente o comportamento das pessoas?" E que vai suceder se os *micro-robots* que têm a capacidade para controlar as mentes foram programados para fazer indagações e combinar-se em áreas-chave do cérebro humano? Estes *micro-robots* são demasiado pequenos a tal ponto que nem sequer podem ser vistos pelo olho humano, e as pessoas poderiam ser infetadas com estes elementos tecnológicos sem mesmo o saberem.

Hordas de estes micro-robôs poderiam ser espalhadas na atmosfera ou em áreas públicas e infetar milhares (ou até milhões), e ninguém poderia sequer perceber isso. Na realidade, qual seria a situação do mundo se encontrassem uma maneira de usar micro-robôs para controlar remotamente as mentes da população em geral? Poderia um programa para *controlar as mentes das massas* ser colocado em prática, sem que o público em geral se desse conta do que está a acontecer? Creio que sim.

As Técnicas do Controle Mental

Isto é só para refletir até que ponto esta tecnologia é capaz de fazer num futuro próximo.

Quando se trata de nanotecnologia, está a tratar-se de algo muito mais perigoso do que se pode chegar a perceber. Seria preocupante, no caso de se desenvolver a velocidade de auto montagem dos micro-robôs, que pudesse ficar fora de controle; em teoria, eles poderiam devorar toda a vida na terra num prazo bastante curto. Mesmo que tal cenário nunca ocorra, o potencial do controle da mente através de nanotecnologia seria suficientemente perigoso. Sem excluir que outras tecnologias de controle de mente podem ser igualmente perigosas.

A verdade é que está a desenvolver-se toda a classe de tecnologias de controle mental, cada vez mais avançadas, e é evidente que há uma batalha programada pelas mesmas forças das trevas, já revelada na Palavra de Deus, para tentar controlar a vontade dos seres humanos e pô-los contra o seu Criador.

Os fabricantes de vídeo-jogos estão ocupados a desenvolver jogos que poderão já não ser controlados manualmente, mas com as ondas do cérebro.

Então, poderia algum dia tal tecnologia ser utilizada em sentido contrário? Há já algum tempo que as pessoas têm procurado maneiras de estarem mais "ligadas" à

Internet, e alguns agora sugerem seriamente que deveriam encontrar uma maneira de ligar os cérebros diretamente à Internet. Um artigo recente no site do "*Science Channel*" expressou-o desta forma:

> -E se fosse possível ligar o seu cérebro à Internet, sem fios ou através de cabo, descarregar a informação digital a alta velocidade, e, em seguida, traduzi-la automaticamente numa forma química que poderia, como memória, ser armazenada pelas suas células cerebrais?

O mesmo artigo explicou o que poderiam ser algumas das vantagens da dita ligação:

> -Se pudesse bombear dados diretamente na sua massa cinzenta, digamos, 50 Mbps (a velocidade máxima oferecida por um grande provedor de serviços de Internet americano), você seria capaz de ler um livro de 500 páginas em pouco menos de dois décimos de segundo. Mas, e os perigos? E se a Internet acabasse por o controlar? E o que aconteceria se um vírus informático realmente prejudicial fosse descarregado no seu cérebro? Acha que isso não pode acontecer?

O investigador britânico Mark Gasson infectou um chip RFID na sua mão com um vírus informático e descobriu que o chip implantado, infectado pelo vírus na mão, era capaz de contaminar os sistemas externos. Imagine se tudo isso começasse a ocorrer em grande escala! Sobretudo porque a humanidade está se aproximando do momento a que os futuristas chamam de Singularidade. Não é fácil definir a Singularidade, mas, basicamente, muitos futuristas acreditam que a fusão do homem e da tecnologia caminha a um passo cada vez mais rápido. É tão rápido que em algum momento os novos transumanos tornar-se-ão praticamente incompreensíveis aos seres humanos normais. Portanto, estarão os homens e os computadores totalmente fundidos um dia? Existe, agora mesmo, um número crescente de pessoas que estão desenvolvendo formas de marcar os seres humanos com microchips RFID. De facto, uma empresa chamada Somark desenvolveu uma descoberta importante na tinta sem chip RFID. As suas "tatuagens RFID" são aplicadas usando uma matriz geométrica de micro-agulhas e um aplicador reutilizável com um cartucho de tinta de uso único.

Até que ponto é fácil usar uma destas tatuagens RFID

Bem, demora cerca de 5 a 10 segundos para tatuar um animal ou um ser humano. Uma vez que a tatuagem tenha sido feita, um leitor RFID pode lê-la até quatro metros de distância. Na verdade, a IBM anunciou que desenvolveu um "leitor de código de barras" que pode ler o ADN. A verdade é que a grande maioria das pessoas não quer que o seu ADN seja escaneado nem que se lhes sejam implantados chips RFID. Os cientistas descobriram como usar nanopartículas para controlar remotamente o comportamento.

Um artigo na *Wired* do início de 2009 destacou que a manipulação direta do cérebro através da fibra óptica é um pouco complicada, mas uma vez instalado um nano-robô "poderia fazer feliz a qualquer um apenas com o toque de um botão." Os nano-robôs levam o processo a um nível automatizado, a reconexão do cérebro molécula a molécula. Pior ainda, estes mini robôs podem auto replicar-se, entrando-se em terrenos de inteligência artificial, à qual um ser humano poderia ser exposto voluntariamente.

> Um esforço concertado está em andamento para gerenciar e prever o comportamento humano, de tal forma que os especialistas em ciências sociais possam controlar as massas e protegerem-se das consequências de uma humanidade livre, completamente desperta.

Na atualidade, investem-se milhões de dólares em estudos para conhecer mais sobre a mente e como poder controlá-la psiquicamente, tecnologicamente e por meio de espíritos demoníacos, através da telepatia.

O Ocultismo e o Uso da Mente

Agora você já está dando-se conta que todo o oculto tem que usar a mente dos seres humanos para se manifestar e também para o levar às práticas proibidas por Deus. A mente, juntamente com todo o conjunto que envolve a alma, é o receptor que os poderes das trevas usarão para se manifestarem. O chamado terceiro olho, simplesmente, é um canal que os demónios abrem na mente da pessoa, o qual está ligado ao demônio de bruxaria. O terceiro olho é o canal que liga a mente ao conhecimento humano, pode usar a sua boca, bloquear totalmente a consciência e deixá-lo inconsciente, e receber, pelos seus ouvidos espirituais, mensagens diretamente à mente. Abre-lhe os olhos para ver o mundo espiritual; através da mente você receberá instruções sobre como fazer as coisas. O terceiro olho está profundamente ligado à meditação, yoga, hinduísmo, budismo, e, através da prática de pôr a "mente em branco", abre-se a oportunidade à serpente Kundalini para entrar na pessoa. O poder da mente para influenciar outros através do controle mental está sendo usado nas vendas de multinível ou piramidal, já que os que conseguem avançar nestes cursos promovidos pela Nova Era e pelas religiões orientais sentem que são capazes de ter poder sobre os outros. Vamos dar uma olhada em alguns mais, tais como:

A Radiestesia

Esta é a capacidade que alguns têm para captar, mediante a vara ou o pêndulo, diferentes radiações que permitem, por exemplo, achar água e objetos perdidos. A mente da pessoa atua como "radar", o qual emite ondas que incidem sobre o investigado e voltam a ele, fazendo mover a vara ou o pêndulo.

Telecinésia

É o movimento de objetos sem causa física aparente e à distância. Tudo debaixo do poder da mente. Execução de instrumentos musicais por mãos invisíveis. Muitos cristãos compraram ingressos extremamente caros para ver "mentalistas" dobrarem colheres de chá à distância, sem pensarem que estavam a pagar para ver atividade demoníaca.

Telepatia

Coincidência de pensamentos ou sensações entre pessoas geralmente distantes entre si, sem a participação dos sentidos, e que levam a pensar na existência de uma comunicação de índole desconhecida. Transmissão de conteúdos psíquicos entre pessoas, sem intervenção de agentes físicos conhecidos. Em termos espirituais cristãos, diríamos que um demónio faz um gancho com uma mente e outra, fazendo o contacto. Para isso as duas pessoas têm que ter um canal que já mencionamos, chamado terceiro olho.

Hipnose

É um estado alterado no qual se entra de livre vontade diante da pessoa que vai efetuar a sessão, ou pelo espírito que está habituado a visitar a pessoa, já que num dia se podem ter muitos estados alterados ou transes. Não é necessário ter os olhos fechados. Daí que os sonâmbulos caminhem inconscientes, mas com os olhos abertos. É a alteração do consciente da pessoa por um espírito que bloqueou essa parte da alma. A hipnose pode ser induzida sem palavras e, mais importante ainda, reduz as faculdades de pensamento crítico e a capacidade de avaliar a informação e tomar decisões próprias. De acordo com os especialistas, é mais útil pensar na hipnose em termos de estados de consciência. Cada pessoa tem um estado de vigília, um estado em que sabe que está acordado, consciente, em alerta, vivo e no mundo, mas uma vez bloqueada esta área, entra em transe, esquecendo-se completamente quem é e o que faz.

Viagens Astrais

Estas são experiências "fora do corpo", A alma pode separar-se do corpo e viajar milhares de Kilómetros num curto espaço de tempo. A separação não seria total (isso significaria a morte), mas sim que a alma segue ligada ao corpo pelo que se chama o "cordão de prata". Muitos sem praticar o ocultismo acham-se à noite vendo o seu corpo deitado na cama. Os cristãos devem repreender toda a manifestação demoníaca e retornar ao corpo. Os monges tibetanos praticam isto muito.

Metafísica

Diz-se que a metafísica se ocupa em resolver os

> problemas da vida, e que a mente é um poder que pode ser utilizado para orientar a vida construtivamente, erradicando a má vontade.

Em conclusão, para muitos, então, o mundo que não se vê ajuda o teu eu (vontade) a remover o mal que pode haver no homem. Ela toma o lugar de Jesus Cristo, o Filho de Deus. É considerada mais que a sabedoria de Deus, porque ela dá a explicação de tudo o que você não entende, e pertence a todas as religiões, sem importar qual seja o mestre. Diz que "não tem princípio nem fim", o que dá a entender que toma o lugar do Filho de Deus, e o único que se atreveu a falar assim foi a serpente mentirosa que quis ocupar o lugar de Deus. Diz-se que não é religião mas um "ensino planetário", e que é o ar que se respira. A Bíblia diz que o alento de Vida é o Espírito de Deus, então vemos que a chamada Metafísica é a imitadora do Espírito Santo, que se infiltrou nas igrejas evangélicas, trazendo um falso avivamento. A metafísica crê nos três raios primários da Manifestação cósmica.

Na metafísica, a Ontologia moveu a teologia, tendo sido o seu primeiro ângulo a descoberta de si mesmo, o EU. É apoiada por Teósofos, Rosacruzes, a Escola Arcana, "a Actividade Eu Sou", "A Ponte para a Liberdade", com o grande Pitágoras, todos unidos num mesmo acordo pela Nova Era, promotores do positivismo, com frases como: "tu podes vir a ser o que tens sonhado".

Hoje, com mais frequência, de forma persistente e subtil, ouvem-se muitos dizendo que Deus não é necessário, de acordo com a metafísica, uma vez que o homem controla tudo com a sua mente, muda a realidade com a sua mente e com as suas palavras.

Em outras palavras, o homem é um deus. Já se pôs a pensar em semelhante mensagem, se Deus não é necessário? Para quê obedecer-Lhe, para quê me comprometer com Ele? Pode ver o objetivo desta mensagem, o que se está a esconder por detrás de tudo isto?

Quero recordar-lhe que, por mais que tente, o homem nunca poderá ser igual a Deus. As mensagens que hoje as pessoas querem ouvir são aquelas que promovem o egoísmo, a ambição e o egocentrismo, tudo aquilo que tenta afastá-lo das prioridades e princípios estabelecidos na Palavra de Deus.

Existem, hoje em dia, características que tratam de destacar a metafísica, e são as seguintes:

A Visualização, Sonhar ou Imaginar. Dizem, "só tens que vê-lo ou olhar para ele na tua mente, e isso fará que o que esperas possa tornar-se realidade". Agora pergunto: Onde está colocada a fé? Naquilo que está a ver na sua mente. Então, a visualização é uma técnica metafísica, que também os seguidores da Nova Era ensinam.

Como é possivel que semelhantes heresias sejam ensinadas sob o pseudônimo de mensagens cristãs? O poder de desenvolver a mente para colocar a fé no homem e não em Deus faz com que cada vez mais as pessoas se desviem, seguindo após o engano e a mentira.

É evidente que em toda a Bíblia, ao estudá-la e lê-la, não aparece nunca a palavra visualização. No entanto, de acordo com estes pseudo-ensinamentos, querem fazer pensar que Deus não tem o controlo, mas que o homem ou a mulher pensam que têm o controlo absoluto através de tudo que vem à sua mente, a ponto de colocarem a Deus como um meio e não como um fim. O que é absurdo e enganador é o que tenta estabelecer a metafísica, ao dizer que eles são iguais a Deus. Esta é a razão pela qual, hoje em dia, muitos estão a ser desviados, de forma progressiva, da verdadeira e genuína fé na Palavra de Deus.

3

As Novas Ideologias: Armadilhas para o Raciocínio

A mente é o campo principal de luta na batalha pela fé. O ataque à mente pode ser comparado a uma tentação subtil. Isto pode significar a decisão que uma pessoa tem que tomar quando está numa encruzilhada, a qual tem quatro caminhos, e deve decidir qual das opções vai escolher. A Palavra no seu coração não deixará que tome "as sugestões erradas dos maus pensamentos" que poderiam levá-lo por caminhos de mais dor e fracasso. A tentação é o dardo ou a encruzilhada, se ceder a ela, cairá numa armadilha.

A tentação é um dardo sutil, como uma centelha, em que o seu primeiro campo de batalha ocorre na via do pensamento. O pecado não é consumado no pensamento mas na realização do ato.

A batalha pela mente resume-se facilmente no texto que o apóstolo Paulo expõe na sua carta aos Romanos, que diz:

Romanos 8:6 *RVR1960*

"...Porque a inclinação da carne é morte, mas a inclinação do Espírito é vida e paz."

O inimigo sabe que a sua mente é uma pista de

aterragem que sempre alcança o seu objetivo; ele só espera e observa a sua reação, em relação aquilo que lhe propôs.

Para que o inimigo não obtenha vantagem, contaminando todo o seu ser, há um segredo a seguir: "É conhecer e obedecer aos mandamentos de Deus". A Palavra no seu coração será como um farol de luz no meio da incerteza. A Palavra de Deus é a luz que brilha na escuridão. Os seus mandamentos não são gravosos (nocivos ou pesados), pelo contrário, eles foram-nos entregues para serem de bênção e ajuda, porque sozinhos não saberíamos como atuar.

O maior mandamento inclui amá-LO com todo o seu entendimento. Se ama o Senhor acima de tudo, com todas as suas forças, e com todo o seu coração, isso o ajudará a superar as dificuldades dos dardos diários que a mente recebe para debilitar a sua fé.

Se teme ao Senhor, não fará nada que O ofenda, nem tomará decisões que manchem o seu caminhar. Quando alguém ama com o coração, com a mente e com toda a sua alma, esse amor produz o não querer ofender a pessoa que se ama. Se O amamos mais do que a nós mesmos, procuraremos fazer a Sua vontade mais do que os nossos próprios caprichos.

Mateus 22:37-38 ᴿⱽᴿ¹⁹⁶⁰
³⁷ "*E Jesus disse-lhe: Amarás o Senhor teu Deus de todo o teu coração, e de toda a tua alma, e com toda a tua mente.* ³⁸ *Este é o primeiro e grande mandamento.*"

Os dardos têm a característica de ir ao centro do alvo, que é a sua mente e tocar nos pontos neurológicos que mais o magoam, aqueles que estão intimamente relacionados com o seu coração (a sede das suas emoções), e que expressará pela sua boca, que é o instrumento pelo qual se expressa e fala o que sai do coração. Sem se aperceber, está a contaminar-se. O Senhor Jesus falou dos "maus pensamentos" dos homens.

Mateus 15:18-19 ᴿⱽᴿ¹⁹⁶⁰
¹⁸ "*Mas o que sai da boca, procede do coração, e isso contamina o homem.* ¹⁹ *Porque do coração procedem os maus pensamentos, os homicídios, os adultérios, as fornicações, os furtos, os falsos testemunhos e blasfêmias.*"

No entanto, Jeremías profetiza da parte de Deus:

Jeremías 29:11 ᴿⱽᴿ¹⁹⁶⁰
"*Porque eu bem sei os pensamentos que tenho a vosso respeito, diz o SENHOR; pensamentos de paz, e não de mal, para vos dar o fim que esperais.*"

Isto dá-lhe a conhecer que é muito importante a forma como pensa, e que isso afetará a maneira de atuar.

> Lembre-se, se pode controlar os seus pensamentos, será capaz de controlar a sua forma de agir.

Provérbios 23:7 [RVR1960]
"Porque, como imaginou no seu coração, assim é ele."

Dardos Inflamados do Inimigo

Nos tempos do Antigo Testamento, os dardos inflamados eram usados como armas na batalha. Consistiam de canas ocas cheias de material que podia arder facilmente e, pegando-se-lhes o fogo, eram disparados contra os seus inimigos. Eram armas certeiras contra as cidades com muralhas, porque podiam ser disparadas contra os muros para fazer arder os telhados das casas dentro da cidade e causar estragos na população.

Em Efésios 6:11-17, Paulo fala da batalha espiritual contra satanás. Fala sobre os "dardos inflamados do inimigo" O inimigo lança violentamente "dardos inflamados" contra si na área espiritual através dos pensamentos que coloca, de desânimo e dúvida. Também adverte que não deve "mover-se facilmente do seu modo de pensar" (2 Tessalonicenses 2:2). Na tradução grega, *"movido"* significa agitar, molestar, derrubar (implicado), destruir". O seu inimigo quer remover as suas boas crenças e também sacudir a sua fé para o enfraquecer.

Analisando com profundidade as Estatégias de Satanás

Como escrevemos, a mente é uma das partes mais complexas e menos compreendidas do corpo humano. Uma vez que é muito complexa (além disso são muitos os "inimigos" dela, como já vimos), muitas são as diferentes maneiras que existem para fustigá-la. Observe algumas das principais estratégias dos trabalhos realizados pelas situações negativas e adversas que satanás usa para enfraquecer a fé dos crentes:

Questionando a Ordem de Deus

A primeira tentação do homem começou com esta estratégia: Questionar a autoridade de Deus dada através dos Seus mandamentos. Quando satanás disse a Eva: "É assim que Deus disse?...Realmente Deus disse que não podias comer da árvore do conhecimento do bem e do mal?" Essa pergunta estava colocando na incerteza a boa e agradável vontade de Deus para com o homem.

Eva não recebeu a mensagem dada por Deus a Adão; no entanto aceitou rápido a ideologia da serpente.

Anakainosis da Vossa Mente

A serpente levou Eva através do raciocínio a questionar outra "idéia", contrária à ordem de Deus. Satanás não a atacou pelo pecado do seu passado, porque ela não tinha um passado mau, o ataque foi diretamente à sua mente. Satanás jogou com o seu raciocínio. Ao plantar-lhe uma nova ideologia, conseguiu fazê-la raciocinar e ao mesmo tempo fazê-la duvidar; ela acreditou que o que ouvia estava bem, porque não entendia o que era "morrer".

Para mudar a estrutura **"da ordem que Deus havia criado"**, satanás, inimigo da "Nova Criação", usou na sua astúcia a alternativa que foi "trazer CAOS" na ORDEM DIVINA, com o fim de alterar a **"ordem estrutural** dada por Deus". A *"nova alternativa"* é uma ideologia procedente da Nova Era. Como conseguiria isso? Causando dúvida na mente de Eva e apresentando-lhe uma "nova alternativa", a Nova ideologia, a idéia criada pelo próprio orgulhoso e rebelde anjo caído. Satanás tinha que lhe oferecer "uma nova forma de pensar" (contradizendo a Verdade de Deus).

Hoje a guerra pela alma ganha-se em primeiro lugar na mente. Se duvida perde.

A mente de Eva era como um computador novo, que ainda não tinha sido programado. Ao ouvir uma "ideologia nova", na sua inocência acreditou que era "boa", porque nunca antes tinha ouvido outra opção, esta era a primeira vez que tinha que decidir por ela própria.

Tinha a presença de Deus sobre ela, mas não sabia como vencer na sua própria mente.

> Não dialogue com a serpente e tenha cuidado com os seus próprios argumentos, pois ela pode estar a controlá-los.

Hoje em dia tudo se questiona. Que garantia há que prove que, ao escutar a Palavra de Deus, você acredita nela e aplica cem por cento o que ouve? Considere que o raciocínio que vem à sua mente, 40% vem do seu coração, que é o velho homem, não redimido, os outros 50% do inimigo e 10% do Espírito de Deus que habita dentro de si. Por isso o Apóstolo Paulo diz que *se deve viver no espírito mais do que na carne.*

O salmista orava: "*...No meu coração guardei a Tua Palavra para não pecar contra Ti.*" Salmos 119:11

> Hoje em dia cada um é confrontado com o seu próprio raciocínio, ao qual a sua mente tudo questiona. Deve ter cuidado com as *"novas ideologias"* que, a cada dia, aparecem na terra.

Uma ideologia pode ser muito perigosa, não só pelo poder do controlo religioso, ou ideológico, que pode influenciar as massas, mas também pela força de destruição no qual operam. Deve ser consciente que as ideologias podem apanhá-lo de surpresa, porque elas atacam a mente e batalham subtilmente contra a segurança pessoal. Elas rapidamente o levam a questionar os mandamentos de Deus, que são a Sua própria essência, e conduzem a pessoa à incredulidade e ao ceticismo. Sem se dar conta, Eva usou do raciocínio que a levou a desobedecer a Deus.

O Engano

O engano foi também parte da estratégia do inimigo para cauterizar a mente de Eva. Quando satanás a interrogou, estava camuflado dentro duma astuta serpente e conseguiu seduzi-la através dos seus olhos. Satanás usa as imagens que se podem ver e tocar, naqueles cuja fé é débil, e que podem ser a adoração a imagens de escultura ou a adoração ao homem. Também para seduzir, usa os cultos aos mortos e o fanatismo ideológico, em que espíritos religiosos são soltos para enganar a milhões de homens e mulheres no mundo atual. Outras das estratégias que satanás usa através de ideologias, incluem as seguintes frases "que despertam o ouvido":
- "Tu és um deus."
- "Com a palavra positiva podes mudar o teu destino."
- "Todos são filhos de Deus."
- "Há muitas alternativas para ir para o céu."

- "Deus é demasiado bom para enviar alguém para o inferno, além disso não há provas que o inferno exista."
- "Embebedar-se uma vez com os amigos não faz mal."
- "Enganar a mulher não faz mal, toda a gente o faz."
- "Uma mentira piedosa às vezes é necessária para sair duma situação."
- "Tu não és um viciado só por fumar maconha."
- "A Bíblia não deve ser tomada à letra, porque contém muitos erros."

Tudo isto lhe mostra como espíritos mentirosos, enviados para destruir a moral do ser humano, pressionam a mente e distorcem a verdade pura de Deus.

A Debilidade da Natureza Caída

Satanás usa a debilidade da natureza caída para combater contra a alma e a fé. Tratará de usar a sua própria boca, seus olhos, ouvidos, e até os seus sentidos do tato e olfato, a fim de fomentar as emoções das lembranças ligadas às vezes aos sentimentos do passado, ou talvez do presente, para o atormentar na área emocional. Paulo, o apóstolo, explicou isto quando disse na sua carta aos Romanos: *"Mas vejo outra lei nos meus membros, que se rebela contra a lei da minha mente, e me prende debaixo da lei do pecado, que está nos meus membros."*

As Mentes Cegas

O dardo da maldade trabalha na mente dos crentes para cegá-los à verdade do Evangelho. Especialmente os jovens, neste tempo, esão expostos a este ataque que consegue cegar-lhes a visão espiritual. São muitas as práticas subtis que o inimigo utiliza para produzir diferentes técnicas de manipulação mental e, a mais comum, move-se através dos cursos de vendas multinível, que faz com que as pessoas, sem se darem conta, abram portas ao "terceiro olho", que lhes dá poderes de influência debaixo de espíritos demoníacos

2 Coríntios 4:4 [RVR1995]
"Isto é, entre os incrédulos, a quem o deus deste mundo cegou o entendimento, para que não lhes resplandeça a luz do evangelho."

4

Destruindo Fortalezas

U ma fortaleza na mente constrói-se por meio dos raciocínios e argumentos que se estabelecem como forma de defesa. As acusações são como uma espécie de dardos inflamados que se lançam ou projetam àquele que de alguma forma ameaça a sua segurança.

Fortalezas Espirituais

Uma fortaleza mental mantém a pessoa na ignorância acerca da área espiritual para impedir, por todos os meios possíveis, que ela entre na verdade.

As fortalezas desenvolvem-se e mantêm-se na mente por meio das mentiras, que se aceitaram ao ouvi-las.

É importante entender o que o Apóstolo Paulo menciona em relação a isto: *...O deus deste século que é considerado também o príncipe das trevas tenta de diferentes maneiras impedir que a luz da verdade divina entre na mente de cada ser humano.*

É essencial saber que quando a verdade de Deus entra no interior de cada um, é uma luz espiritual que ilumina

Anakainosis da Vossa Mente

o entendimento. A luz e a verdade penetram para dar consciência que é preciso derrubar o que se opõe a Deus.

Numa fortaleza há muitas áreas em obscuridade, mas quando a verdade é aplicada e a pessoa está disposta a obedecer-lhe, esta traz liberdade por completo, produzindo obediência à única verdade que é Jesus Cristo.

> ...Não somente é crer mas também confessar a verdade.

As fortalezas espirituais que se construiram na mente do ser humano são casas e torres de pensamentos contrários à verdade de Deus. Estas fortalezas existem em padrões de pensamentos que se estabeleceram desde a meninice, naquilo que foi educado e experimentou na sua alma. As fortalezas vão-se formando nos primeiros anos da infância como "padrões de conduta". Se a pessoa não teve uma boa imagem de um pai ou de uma mãe, foi exageradamente castigado ou criado sem disciplina, tanto um como outro o afetará quando se tornar adulto. Podemos defini-las como as más atitudes apegadas ao próprio carácter do ser humano.

> As más condutas sem correção (sem que a pessoa saiba) são as que super protegem o velho eu, no

Destruindo Fortalezas

interior da alma; são as diferentes formas de pensar segundo o qual a pessoa atua e que, sem dar-se conta, é refletido no caráter.

-*"Eu sempre fui assim*, argumenta, *ninguém pode mudar-me".* Esta forma de atuar significa que não alinhou o seu ser completo com Deus, porque as suas atitudes são totalmente diferentes daquilo que o Espírito Santo quer fazer na sua vida. Esta maneira errada de pensar faz com que a pessoa tenha atitudes incoerentes, que não são compatíveis com as novas qualidades que deve ter o "nascido de novo" em Cristo. Quando estes pensamentos estão arraigados na mente, converte-se dentro dela uma fortaleza fechada donde o inimigo pode oprimir a alma.

Segundo o que diz o Apóstolo Paulo em 2 Coríntios 10:5, uma fortaleza é qualquer pensamento que se exalte sobre o conhecimento Divino, ou não tenha Deus em conta.

Quando um cristão tem pensamentos contrários à cruz de Cristo, os demónios podem oprimir a alma, afetando sobretudo aquelas áreas onde ainda não se renunciou aos pensamentos contraditórios, em que a pessoa simpatiza com o mal. Estes pensamentos se não se levam cativos a Cristo, formam atitudes nas quais brotam ramos de dúvida e rebelião, seja contra Deus ou contra a autoridade. Se isto acontece, o inimigo se entronará, oprimido a alma. Por isso, agora podemos entender por que muitas pessoas não podem ser livres tão facilmente, precisam de um rompimento e um quebrantamento na sua própria vontade, elas têm que desejar a libertação.

Como se Confrontam as Fortalezas no Mundo Espiritual

Em cada fortaleza há uma única porta e um único guardião. O homem mais forte é Jesus Cristo e é o único que pode derrubar a fortaleza. Para isto é preciso ter um coração arrependido. Deve amarrar-se "o homem forte" guardião dessa fortaleza, que pode ser ódio, rejeição, amargura, desprezo em relação aos demais e a Deus, religiosidade, perversidade, ira e outros.

Jesus Cristo é o mais forte que tira o homem forte da "casa".

Os Pactos Ímpios são Guardados por Fortalezas Espirituais

Os ímpios e os adoradores idólatras da maldade amam a fama e o êxito através do dinheiro. Muitos fazem pactos com Satanás e em troca dão-lhe os filhos ou as suas próprias almas. Outros fazem pactos desejando mais finanças para os seus negócios e acreditam que oferecendo, com um pacto com Deus, receberão em troca mais dinheiro. Analisemos uma história no livro de Juízes, na qual um demónio chamado *o senhor do Pacto* trabalhava diretamente com satanás e que se manifestou para ser adorado em Siquém. Este deus adorado pelos filisteus chamava-se Berit e na atualidade ainda continua a trabalhar como escrivão no Hades, escrevendo os nomes dos que fazem pactos com o demónio para receberem dinheiro.

O Templo de Siquém, Torre de Baal-Berit

Siquém, antiga cidade onde Abraão levantou o seu primeiro altar diante do Senhor Deus, lugar onde o valente Josué levantou um pilar diante do povo de Deus, para serem renovados e fazê-los entender que deviam fazer um novo pacto com Deus. Frente a frente estavam as duas montanhas como testemunhas dessa decisão que se chamavam a bênção e a maldição.

Josué 24:25-27 NTV
[25] "Então, nesse dia em Siquém, Josué fez um pacto com eles, o qual os comprometia a seguir os decretos e as ordenanças do Senhor. [26] Josué escreveu todas essas coisas no Livro de instrução de Deus. Como lembrança do acordo, tomou uma pedra enorme e levou-a rodando até debaixo da árvore de terebintina que estava junto ao tabernáculo do Senhor. [27] Josué disse a todo o povo: Esta pedra ouviu tudo o que o Senhor nos disse. Será um testemunho contra vós se não cumprirem o que prometeram a Deus."

Siquém foi testemunha da promessa que os israelitas fizeram ao Senhor. Anos depois, Deus levantou a Gideão para que o povo de Deus fosse livre dos seus inimigos; no entanto, depois da sua morte o coração dos israelitas mudou drasticamente.

Juízes 8:33 RVR1960
"...Mas aconteceu que quando Gideão morreu, os filhos de Israel voltaram a se prostituir após os baalins, e escolheram a Baal-Berit por deus."

Abimeleque, filho de Gideão, nascido da sua escrava concubina, levantou-se e fez uma reunião com os familiares da sua mãe. A sua obstinação era ser rei e governar sobre os siquemitas. Se analisarmos profundamente a situação ocorrida em Siquém, podemos observar que os cidadãos deram a Abimeleque 70 siclos de prata que tiraram do templo de Berit. Com esse dinheiro mau, Abimeleque alugou a "homens ociosos e vagabundos", a quem usou para matar os seus setenta irmãos.

Juízes 9.4 RVR1960
"...E deram-lhe setenta ciclos de prata do templo de Baal-Berit, com os quais Abimeleque alugou homens ociosos e vagabundos, que o seguiram."

Chegando a Siquém foi muito bem recebido pelos perversos cidadãos, os quais aprovaram a sua ação. No entanto, três anos mais tarde, Deus enviou um mau

Destruindo Fortalezas

espírito entre Abimeleque e os homens de Siquém, porque Deus viu que não era boa a ação de Abimeleque, nem apoiou essa ação abominável que os siquemitas fizeram, pelo que Ele tomou represálias e destruiu a cidade. Enquanto que a gente proeminente de Siquém fugia para se refugiar na fortaleza do seu deus Berit (Juízes 9:46) sucedeu "...todo o povo, cada um cortou o seu ramo, e seguiram a Abimeleque, e os puseram junto da *fortaleza*, e queimaram a fogo a *fortaleza* com eles, de maneira que todos os da torre de Siquém morreram..." (Juízes 9:49)

A Bíblia menciona que ninguém se salvou; o falso deus Baal-Berit não os pôde proteger.

Quem era Baal-Berit?

Se investigarmos este facto nos dicionários bíblicos, descobrimos algo sumamente interessante; **Baal-Berit era uma deidade filisteo-cananéia, chamado por *"Senhor de um Pacto"***. No dicionário de demonologia hebraica, era reconhecido como um ajudante de satanás, o que se encarrega de tomar nota de todos os pactos estabelecidos entre os mortais e os demónios. Ostenta o título de "Escrivão do Inferno". Era o Baal (senhor ou amo) de Siquém, a quem os israelitas começaram a adorar depis da morte do juíz Gideão. Na casa ou templo deste ídolo havia algum tipo de tesouro.

Anakainosis da Vossa Mente

Pactos feitos com demónios para receber fortuna

Os pactos realizados para obter dinheiro e fortuna, seja a quem for que se tenha invocado, Berit se manifesta, o qual seguiu a satanás na sua revolta. Por sua vez, está relacionado com os minerais preciosos, dizendo-se que convertia os metais em ouro. Por esta razão se conclui que proporcionava às pessoas fortuna por causa dos pactos que se realizavam. (Os alquimistas da época medieval buscavam estes tesouros através do ocultismo). Deus usou a Abimeleque para derrotar a sua Torre-Templo, lugar onde veneravam a sua estátua, nada mais nem menos do que com fogo. Repare nisto tão interessante! Há pactos que as pessoas fazem nos pensamentos que nem mesmo elas se dão conta das implicações que isso tem. Desejaram algo na vida e viram-se tentadas a pactuarem com as trevas, às vezes até os jovens o usam como um jogo, chamado "ouija" ou "jogo do copo"(jogo usado para invocar espíritos). Fazer estes pactos conscientemente traz opressões às pessoas, de tal maneira que ficam encerradas à mercê deste espírito imundo chamado Berit- É importante que a pessoa que quer ser livre dê os seguintes passos:

Primeiro, arrependa-se e peça perdão a Deus. Segundo, rompa o pacto que fez em voz alta, e terceiro faça um pacto de consagração a Deus com o Sangue de Cristo.

Só ao Fogo de Deus o diabo teme. Quando está cheio do Espírito Santo e Fogo, será uma ameaça para o inimigo. Assim como Deus permitiu que se usasse o fogo literal, para queimar a torre, e o ídolo que estava dentro, também o Fogo de Deus queima as obras de satanás e os pactos feitos aos demónios.,

> Não duvide! O Fogo do Espírito Santo queima e destrói as obras da maldade.

Jesus falou que Ele batizaria os Seus filhos com Espírito e Fogo. Deseje o fogo do Espírito Santo na sua vida.

> Todo o pacto feito de pensamento ou de palavras é protegido por uma fortaleza ou casa de proteção, seja pacto com os demónios ou pacto com Deus.

Quando faz um pacto com Deus de consagração, que significa guardar-se puro para Ele, sem pecar, e obedecer aos Seus mandamentos, uma muralha de fogo purificador rodeia-o para guardá-lo do mal.

Entendendo o que é a Casa dos Pensamentos

Está a explicar-se como funciona "a casa dos pensamentos" ou "fortalezas". Onde há uma fortaleza mental há um padrão de pensamentos endurecidos pela força demoníaca. Um espírito imundo procura um sítio onde viver, e um dos lugares mais apetecíveis pelo mal são os pensamentos incorretos na mente do ser humano. Os demónios não podem habitar no espírito do verdadeiro cristão; no entanto, eles movem-se para oprimir parte da alma quando a tentação se converte num pecado contínuo. O mesmo acontece se uma pessoa persiste em cair uma e outra vez no impuro; isso o ligará ao pensamento de carnalidade.

Isso é parte da personalidade do ser humano natural não redimido, não daquele que é nascido de novo.

Os demónios disfarçam-se em anjos de luz, trazendo ideias que se escondem por detrás das "boas ações". Essas boas ações não serão suficientes para alcançar a salvação, não se justificam diante de Deus Muitos pensam que devem "primeiro mudar a atitude"; no entanto o primeiro que deve ser mudado são os pensamentos na sua mente, porque o problema dos seus maus pensamentos é a consequência de manter na mente fortalezas de erro.

A alma submetida ao Espírito de Deus está constantemente vigiando para resistir a todo o mau pensamento e má atitude que venha a infiltrar-se pela mente para causar dano ao coração.

As fortalezas mais difíceis de detetar são as que não se reconhecem nem se identificam como perigosas, porque são "familiares". Estes são espíritos familiares que cresceram e se desenvolveram com a pessoa desde a infância e que se convertem em "fortalezas". Na sua infância, o menino observa tudo e imita as maneiras de ser, tanto do seu avô como do seu pai. Quando se tornar adulto fará da mesma maneira. Muitos vivem com esta forma de atuar errada, até à sua morte.

Jesus chama-lhes "espíritos familiares", que oprimem as pessoas e passam de geração em geração.

Vendas e Véus Mágicos

A mentira que procede da boca dos falsos profetas que hoje debilitam a verdade de Deus nas mentes, trazendo falta de estabilidade e dúvida, faz com que se formem cristãos débeis e carnais, que qualquer vento forte os tira da verdade, apartando-se de Cristo para regressar ao mundo. Toda a palavra que não sai da boca de Deus traz carga e condenação à alma. Pelo contrário, as palavras mentirosas das suas bocas desalentam e entristecem os justos.

Ezequiel vê Véus Mágicos sobre as cabeças

Deus pelo Seu Espírito escolheu o profeta Ezequiel e deu-lhe visões do mundo espiritual e como este opera. Viu também falsos profetas e profetizas do povo de Israel proferir enganos provenientes das suas próprias imaginações, que com astúcia falaram o que Deus não lhes tinha dito para falarem.

Deus tinha um propósito para cada profeta verdadeiro, e era que eles pudessem ajudar o povo a manter-se firme na sua crença e votos a Deus, o Senhor, para edificar um muro de proteção ao seu redor, chamado Verdade. No Livro de Ezequiel, capítulo 13, narra-se a palavra profética que Deus lhe ordena dar aos falsos profetas que se levantaram para enganar o povo com falsas esperanças. Estes falsos profetas diziam: -"*Deus falou*", enquanto que o Senhor dizia: -"*Eu não falei*". Os falsos profetas que profetizam segundo a sua imaginação trazem cegueira espiritual às pessoas que abriram a sua mente às falsas profecias.

A cegueira espiritual impede de conhecer a verdade para entrar na verdadeira prosperidade de Deus.

Tanto o povo de Deus como os inconversos estão nesta hora expostos a estes enganos mágicos que vão mais além de simples palavras mentirosas, e que trazem o poder do ocultismo para prender a alma das pessoas. O Apóstolo fala disto numa das suas cartas:

2 Coríntios 4:4 [NTV]
"*Satanás, que é o deus deste mundo cegou a mente dos que não crêem. São incapazes de ver a gloriosa luz da*

Destruindo Fortalezas

Boa-Nova. Não entendem esta mensagem acerca da glória de Cristo, que é a imagem exata de Deus."

O profeta Ezequiel recebeu palavra de Deus e visões que lhe mostravam a condição espiritual em que vivia o povo de Deus. Viu especialmente como os falsos profetas falavam duma maneira vã, e com mentiras e vendas mágicas prendiam as almas do povo de Deus, cegando os seus olhos para que não vissem nem entendessem a verdadeira voz de Deus.

Deus disse a Ezequiel que falasse juízo contra eles, mas ao mesmo tempo que Ele próprio viria para libertar o Seu povo.

Falsas profetizas de Israel elaboravam amuletos para que os jovens os usassem nos seus pulsos. Também entreteciam véus mágicos e os davam às mulheres para que os usassem nas cabeças.

Os varões jovens e adultos ficavam encerrados como aves em gaiolas. Enquanto que os falsos profetas enganavam com mentiras o povo dizendo que tudo estava bem, estas palavras faziam que o povo não se protegesse, de forma a estarem suficientemente protegidos por Deus. Eles estavam desapercebidos de que Deus disse ao profeta que a sua proteção espiritual era débil. Esses véus eram colocados sobre as pessoas, e, depois de lhes darem a palavra profética, retiravam o

Anakainosis da Vossa Mente

véu, mas a alma da pessoa mantinha-se presa. A pessoa ficava para sempre com uma venda espiritual, sob o espetro do engano e da mentira.

As palavras ditas "a meia verdade" não edificam a proteção que cada crente necessita.

Os falsos profetas alimentavam a mente dos ouvintes com falsas esperanças, as quais não lhes edificavam a verdadeira proteção, que são muralhas espirituais de proteção ao redor de Israel e que só se conseguem dizendo a verdade, enquanto que a mentira levanta paredes frágeis, revestidas de aparência, que com qualquer vento a pessoa cai vencida. Lamentavelmente, tudo isso era o que os falsos profetas edificavam, que com as suas palavras vãs permitiam que as almas, em vez de viverem em liberdade, caíssem em cativeiro, por não estarem preparadas.

Deus está buscando homens que falem conforme o Seu coração e não pregadores que os entretenham com simplicidades e vaidades.

Deus necessita homens como o profeta que viu o que se passava com o povo dentro do mundo espiritual. Deus levantou-se através do profeta Ezequiel e confrontou esta manifestação das trevas.

As falsas profetizas de Israel eram nada mais nada

menos que bruxas que enfeitiçavam as almas.

As vendas mágicas são uma estratégia do inimigo dos últimos tempos, com a qual levanta falsos profetas, que entram no redil para caçar a alma. Estas pessoas vêm enganando, expressam-.se bonito e talvez você dirá: - *"Oh, que tremendo, como prega, que revelação"*, mas são falsos. Paulo disse: *"Tenham cuidado com os falsos apóstolos e com os obreiros fraudulentos.* "Em Atos 20:29 diz: *"Depois da minha partida se levantarão lobos cruéis, que não perdoarão o rebanho."* Paulo sabia que enquanto ele estivesse, esses lobos estariam quietos, mas quando ele partisse esse lobos levantar-se-iam e não perdoariam o rebanho. Quando não se tem clareza na mente é porque existem véus de obscuridade e confusão que lhe quiseram enviar. Isso, às vezes, pode privá-lo de entender e discernir como é que as trevas operam no mundo espiritual. Quase poderíamos afirmar que as pessoas que estão enganadas não entendem o que se está a passar. Porquê? Porque não sabem que têm um véu mágico na sua mente.

Não deixe que lhe coloquem véus mágicos

Tem que se valorizar as pessoas não pelos seus dons, nem pela sua maneira de falar, nem pelos milagres que fazem, mas pelos seus frutos. Na atualidade, estes véus e vendas nos olhos são enviados por aqueles que usam de bruxaria juntamente com a idolatria. A bruxaria opera de maneira contrária à verdade, muitas vezes os bruxos visitam as igrejas locais para liberarem demónios contra as pessoas. Às vezes conseguem confundir os próprios ministros. O espírito de feitiço dá a volta aos pensamentos, por isso há distração, sono, os justos são detestados, colocados de lado, e os falsos que dão dinheiro são apoiados.

Deus compara estes véus mágicos com mantos de escuridão que trazem cegueira às mentes, e prendem da mesma forma que os pássaros caem na armadilha. Só o Senhor pode tirá-los destes cárceres espirituais de encantamento, através da *palavra de verdade* que confronta o mágico.

As falsas profecias hoje em dia atuam da mesma forma, estas prendem a alma e trabalham como vendas espirituais que cegam os olhos, sem importar se são cristãos ou inconvertidos.

Toda a pessoa que possui influência sobre as massas é porque traz mensagens com influência mágica procedentes do ocultismo, soltando véus de encantamento que toldam e escondem a verdade da mente dos que os escutam.

Pensamentos de Lascívia

Quando a pessoa se converteu a Cristo e abre a sua mente a pensamentos de sensualidade ou imagens de pornografia (entre outros fatores externos que a

Destruindo Fortalezas

influenciam), terminam inclinados aos desejos da carne sete vezes pior do que quando conheceram a Cristo.

Romanos 8:5-6 ^{NTV}

^{5} *"Os que estão dominados pela natureza pecaminosa pensam em coisas pecaminosas, mas os que são controlados pelo Espírito Santo pensam em coisas que agradam ao Espírito. ^{6} Portanto, permitir que a natureza pecaminosa controle a sua mente, leva à morte. Porém, permitir que o Espírito lhes controle a mente leva à vida e à paz."*

Dentro da natureza pecaminosa estão todos os desejos que se opõem à vida do Espírito, que é a natureza da "nova criatura em Deus". Todo o pensamento que chega à mente tem que ser filtrado. O inimigo é hábil para invadir a mente com pensamentos de maldade. Não deve permitir que a pornografia, conversas obscenas, ou imagens que o transtornam se alojem aí. Quando dá o primeiro lugar a Deus na sua vida, permitindo-lhe que governe os seus pensamentos e ações, não só se produz uma transformação na sua forma de pensar e atuar, como também dificilmente o diabo o pode enganar. Se não há uma renovação na mente, transformação e mudança de pensamento, o ser humano continuará a ter atitudes e formas de proceder na vida que não estarão de acordo com o que Deus disse.

Quando Deus muda os seus pensamentos muda a sua forma de atuar e o seu caráter.

Anakainosis da Vossa Mente

O que tem que fazer é renunciar à maldade e dar a Jesus Cristo as chaves completas da mente e do coração, para que possa experimentar como o seu caráter e atitudes serão completamente diferentes. Todos os seres humanos lutam quando têm que tomar decisões. O assunto agudiza-se quando são crentes, porque no seu coração sabem que devem ser fiéis a Jesus Cristo; por isso, as adversidades se colocarão no seu caminho e, se não tiverem domínio próprio, cairão nas armadilhas da opressão e ataduras piores. Acabarão atuando como aqueles que nunca conheceram o caminho da santidade e da verdade. Existem pessoas que, para além de precisarem de libertação, o que necessitam é render a sua vontade humana às mãos de Deus.

Confusão Mental

De acordo com um novo relatório, 20% da população dos Estados Unidos (60 milhões de pessoas, aproximadamente), padece de alguma enfermidade mental e os seus efeitos poderão acabar por afetar gravemente a qualidade de vida e a integridade física destas pessoas. As desordens mentais mais comuns nos nossos tempos são:

- **Distúrbios de personalidade:** Segundo o Instituto Nacional de Salud (NIMH), 9% da população adulta nos EUA sofre de alguma desordem de personalidade, que consiste em manter padrões de conduta e comportamento que se afastam completamente dos esperados e aceites socilamente.

- **Distúrbios alimentares:** Cerca de 24 milhões de pessoas nos EUA, sofrem de alguma desordem alimentar, sendo as mais comuns: anorexia, bulimia, e transtornos digestivos por comer excessivamente. O problema com estas desordens alimentares é que as pessoas não têm domínio próprio e a sua vontade está à mercê dos seus próprios desejos.
- **Fobias:** Segundo a "APA", cerca de 19 milhões de adultos padecem de algum tipo de fobia. As fobias são um tipo de transtorno de ansiedade e consistem num medo irracional e exagerado de um objecto, situação ou atividade, que normalmente não são perigosos. Se não consegue conquistar uma situação, como pode pensar que vai conquistar um gigante espiritual? As fobias são medos infundados que se devem enfrentar.

Como se Derrubam as Fortalezas?

Já foi explicado como se derrubam e se queimam as fortalezas, mas é necessário acentuar, para que se entenda com mais profundidade, que "uma fortaleza mental" é similar a um processo de demolição de estruturas antigas que vêm da vida do passado e das lembranças de ontem, de tal maneira que a presença verdadeira de Jesus Cristo não pode manifestar-se através de si.

O problema é que uma pessoa que recebe a Cristo no seu coração crê profundamente que Ele é o Salvador da sua vida, que lhe perdoou e limpou os seus pecados com o Seu precioso Sangue, mas continua a pensar como o fazia na sua vida antiga, sem haver renovação dentro de si. Quando Cristo entra numa vida, todo o ser começa a experimentar uma mudança radical. O que antes fazia já não faz mais, de tal maneira que agora a presença de Cristo pode manifestar-se através de si.

Esta forma de pensar tem que estar alinhada com o novo estilo de vida que se tem em Cristo, não se relacionando com o pecado, mas com uma vida de santidade.

Se aceitou a salvação de Cristo tem que entender que a sua vida deve ser renovada e mudada à imagem e caráter de Cristo. É impossível ter uma nova vida com pensamentos corretos e não ter a imagem nem o caráter de Cristo.

A Passividade na Mente não é Boa

- A passividade da mente é um problema grave para qualquer crente, porque nela surgem pensamentos que detêm o crescimento na fé. Através de que mecanismos se estabelecem os pensamentos na mente?

Pensamentos Fulgurantes

São aqueles que chegam de um momento para o outro à mente e trazem confusão, já que podem ser blasfemos ou impuros. Ainda que muitos rejeitem estes pensamentos, porque estão conscientes que vêm da parte do inimigo, não sabem como detê-los.

Imagens

Satanás também pode projetar imagens na tela da mente de um crente, e se este caíu na passividade vai travar batalhas terríveis, que não saberá como vencer.

Sonhos Perturbadores

Existem diferentes tipos de sonhos: Os que Deus lhe envia, os naturais e os que podem oprimi-lo, já que são originados em forças espirituais malignas. A mente passiva pode receber muitos sonhos enganosos com o objetivo de trazer confusão ou temor à vida do crente.

Insónia

Há muitas pessoas que sofrem de insónia e tomam medicamentos para reconciliar o sono. Quando a mente é passiva, o inimigo usa-a, trazendo todo o tipo de pensamentos, mantendo-a ocupada com coisas desnecessárias; ao mesmo tempo vai gerando um problema químico no corpo, pois há um desequilíbrio com os tempos de sono. Isto causa que o crente se sinta desanimado, fatigado, e emocionalmente fora de controle, na maior parte do dia. A mente esgotada e ansiosa traz estas consequências, não sendo normal permanecer dias e semanas sem poder dormir, com ansiedade e sem paz. A pessoa deve buscar ministração pastoral.

Inatividade Mental

Uma das características de uma pessoa que está com esgotamento é quando lhe custa concentrar a atenção em algo durante muito tempo. Isto sucederá, por exemplo, quando quer ler a Bíblia e lhe custa a entender o que lê. O mesmo sucede quando está a orar ou a escutar uma mensagem e os seus pensamento divagam de um lugar para outro. Uma pessoa passiva mentalmente é propensa a ser atacada pela preocupação.

Para ter uma vida vitoriosa cheia de poder e autoridade espiritual, tome a iniciativa de Deus em todo o momento e não dependa de ninguém mais a não ser de Jesus Cristo. Antes de tomar qualquer decisão consulte a vontade de Deus e finalmente terá pensamentos corretos.

Mente Obstinada

Na Real Academia da Língua Espanhola, a palavra *obstinação* significa:porfia, teimosia, exasperação, tédio. Uma pessoa obstinada é aquela que recusa escutar qualquer argumento que contradiga o que já determinou fazer, depois que tomou uma decisão. Estes indivíduos sempre querem ter a razão em tudo, pois vivem num mundo fechado, com idéias fixas.

A palavra obstinação na Bíblia encontra-se no original hebraico, no #8324 /*sheirurut*/, e significa algo que está torcido, duro e que vive por imaginações. Também se usa outra palavra em hebraico #3885 /*teluna*/ e o seu significado é: resmungar, murmurar, queixa ou querela. Nunca admitem correções e sempre estão em desacordo com qualquer opinião. Querem ser sempre escutados, mas não estão dispostos a ouvir a outros. Só têm um ponto de vista e não aceitam o dos outros. O espírito de obstinação quer contradizer tudo o que se diz, porque entorpece o diálogo e a comunicação com os amigos.

Uma pessoa que tem um pensamento de obstinação é capaz de arruinar todas as reuniões para as quais é convidada, porque tem prazer em sabotar e impedir que os outros se sintam bem. Os que estão ao seu redor optam então por não a contrariar para não se sentir mal, porque sabem que esgotará a paciência dos que a rodeiam com os seus argumentos.

> Estas pessoas sempre terminam sozinhas e isoladas.

É difícil viver com uma pessoa obstinada que se deleita em opor-se a qualquer iniciativa que os demais tenham, porque essa rigidez de pensamentos bloquéia qualquer projeto de mudança que se queira desenvolver. Jamais reconhecerão os seus erros, ainda que os feitos demonstrem que estavam errados; sempre procurarão todas as desculpas possíveis para poderem sustentar a sua obstinação. Neste tipo de pessoas algumas estão presas pela baixa auto estima, e a sua obstinação os ajuda a afirmarem-se no que pensam.

Alguns, por não darem o seu braço a torcer, preferem perder amigos, postos de trabalho, cortar relações com a sua família e até os seus próprios casamentos, para não mudarem a sua maneira de pensar. Uma pessoa obstinada custa-lhe manter uma vida espiritual estável, porque se queixa, discute, não pode trabalhar em equipa, já que é individualista, e quando há outros que estão a fazer o seu trabalho melhor do que ela, põe-nos de lado. Este tipo de pessoas são muito arrogantes e, por razões óbvias, carecem de humildade. O que tem este tipo de pensamentos obstinados é prepotente e se julga superior aos outros. As pessoas obstinadas têm um profundo sentimento de fracasso, que ocultam, por estarem sempre na defensiva, querendo ganhar qualquer discussão em que se envolvam.

> No final, sempre terminam ganhando os debates, acreditando uma vez mais que tinham a razão.

O problema é que ninguém quer contradizê-la e preferem deixá-la de lado com os seus pensamentos endurecidos.

Necessidade de uma Mudança de Mente

Não se pode alcançar um nível de vitória total na vida espiritual se não há *arrependimento*. Se isso não acontece e não se sente a necessidade de mudar e receber o perdão de Deus, não poderá ser-se livre. O auto-engano é uma fortaleza difícil de derrubar; uma vez que a pessoa está enganada em si mesma, não lhe permite reconhecer que está nessa condição. Só os que aceitam essa verdade podem ser livres, já que foram humildes para reconhecer os seus próprios erros.

> Onde não há arrependimento, satanás se alimenta.

Numa mente não arrependida haverá atividade demoníaca; este é um princípio divino, quer queiramos ou não reconhecê-lo. Uma área que não tenha sido rendida a Deus será aquela na qual o espírito do mal roubará o gozo e o poder do crente. Quando uma mente não foi liberta, as fortalezas espirituais não foram derrubadas e os pensamentos de maldade arrancados, então há um terreno muito apetecível para o inimigo.

Só quando caminha na plenitude do Espírito Santo, e permite que a Palavra o limpe, é que vai ser transformado à semelhança de Cristo. Pode concluir que terminou o processo de mudança no mesmo momento em que recebeu a Cristo? Isso não é assim, apenas aí é quando tudo começa. Quando ora ao Senhor Jesus Cristo e Lhe diz: "Senhor, eu não posso, mas sim, Tu podes intervir em mim", Ele começa a trabalhar se lhe dá o controle da sua vida. À medida que Ele se vai revelando à sua mente, nas áreas em que está mal e necessita do toque de Deus, deverá arrepender-se para que possa ser livre.

Romanos 12:2 ^{NTV}
"Não imitem as condutas nem os costumes deste mundo, mas antes deixem que Deus os transforme em pessoas novas ao mudar-lhes a maneira de pensar. Então aprenderão a conhecer a vontade de Deus para convosco, a qual é boa, agradável e perfeita."

Não podemos esperar que uma pessoa ame realmente a Deus se não mudou a sua maneira de pensar. Apenas nesse momento, quando os pensamentos tenham sido renovados, é que poderá mudar. Amar a Deus com todo o coração é a chave para começar uma verdadeira vida cristã. Satanás é um inimigo perigoso que se aproveita da insensatez e da falta de dependência a Deus, para estabelecer fortalezas na mente, dominando-a e controlando, assim, a vida de qualquer pessoa.

Destruindo Fortalezas

> Quando tiver que fazer algo para Deus, dependa d'Ele, mas não faça as coisas tratando de dominar ou manipular outros, porque isso não é de Deus.

Quando satanás tomar o governo de uma mente, a inclinará à maldade por meio dos pensamentos semeados nela, que, por sua vez, gerará ações e atitudes erradas.

Como Romper Essas Ataduras e Fortalezas

Para ser livre há que dar os seguintes passos:

- Reconhecer que esta batalha não se ganha nassuas forças pessoais, mas no poder de Jesus Cristo.
- Renunciar a todo pecado e concessão que se tenha dado ao pecado, à perversão e aos pensamentos de fracasso e derrota.
- Pedir a Jesus Cristo que retome o controle da sua mente e permaneça unido a Ele, para que conserve essa liberdade que o fará totalmente livre.

1 Coríntios 2:16 ^{NTV}
"Pois, quem pode conhecer os pensamentos do Senhor? Quem sabe o suficiente para Lhe ensinar? Mas nós

entendemos estas coisas porque temos a mente de Cristo."

> Assim como Deus toma domínio do nosso coração e alma, também deve tomá-lo sobre a mente.

Gálatas 5:1 ^{NTV}
"Portanto, Cristo em verdade nos libertou. Agora assegurem-se em permanecer livres e não se escravizem de novo debaixo da lei."

O inimigo é muito hábil e nunca vai parar de incomodar os crentes para que retornem à velha vida do passado e, assim, ter o direito legal de dominar a mente do ser humano. À medida que se submete e persevera em Cristo, Ele lhe dará uma nova vida e a Sua própria natureza será enxertada em si.

Efésios 4:23-24 ^{NTV}
[23] "Por outro lado, deixem que o Espírito lhes renove os pensamentos e as atitudes.[24] Revistam-se da nova natureza, criada para ser à semelhança de Deus, que é verdadeiramente Justo e Santo."

É livre quando luta contra fortalezas esprituais, e a sua mente entra num estado de renovação progressiva. A mente sempre toma e processa informação de algo ou de alguém. Nesse sentido, ela não é uma fonte, é um canal. A mente tem que estar sujeita a Cristo, para que

Destruindo Fortalezas

não esteja ligada ao que não convém. Tudo se resume em quem coloca os seus pensamentos.

A maior fortaleza que deve derrubar á aquela que diz que é impossível chegar a ser semelhante a Cristo.

5

A Batalha na Via do Pensamento Raciocínio

Que este ensino o ajude, a si, a algum familiar ou a um amigo que se identifique com a batalha que se move nos pensamentos, para que seja ajudado, se algum dia ficar preso por estes pensamentos, ou alguém necessitar do seu apoio, conselho e oração.

Depressão

O que é cair em depressão? É ter a mente encurralada, crendo para si mesmo que já não há saída. A alma cai num poço escuro, em que pode sentir-se triste, desanimado, acreditando que a sua situação não tem solução. Muitas são as circunstâncias da vida pelas quais uma pessoa pode passar emocionalmente, que a leva a sentir-se assim. A depressão inclui sentimentos de desesperança, desalento e abatimento. Esta pode levar a pessoa afetada a sentir-se abandonada, sozinha e sem esperança, para as mudanças que necessita. Muitas vezes ouve vozes que se entrelaçam com pensamentos suicidas, que lhe dão uma falsa solução para os seus problemas. Os sentimentos caem no mais baixo, devido aos pensamentos de desesperança produzidos pela vergonha, dor e profundo pranto da alma.

Nesses momentos, espíritos do mal aproveitam para aprisionar mais a mente, usando essas situações da vida para levar as pessoas ao poço do desespero.

As causas mais comuns são a perda de um familiar querido e também receber um diagnóstico fatal da parte do médico. A baixa auto estima extrema, juntamente com a rejeição e a intimidação dos amigos escarnecedores, tudo isto provoca influências negativas na mente que se irão acumulando vez após vez. O mesmo acontece com as expectativas não realizadas que se entrelaçam com um caráter pessimista, causando depressão.

Em Provérbios 24:10 adverte-se sobre o perigo de *"ser fraco no dia da adversidade"* (circunstâncias problemáticas ou momentos de tribulação).

Algumas vezes a depressão também é causada pelas atitudes negativas daqueles que estão ao seu redor, os quais satanás usa para o afligir.

Deuteronómio 1:28 [NTV]
"Para onde iremos? Os nossos irmãos nos desmoralizaram quando nos disseram: Os habitantes desta terra são mais altos do que nós e mais fortes, e as cidades são grandes, com muralhas que chegam até ao céu! Até vimos gigantes, os descendentes de Anaque."

A Batalha na Via do Pensamento Raciocínio

O povo de Deus admitiu estar desanimado por causa dos seus próprios irmãos.

Pode ler em:

Números 21:4 ^{RVR1960}
"Depois partiram do monte de Hor, pelo caminho do Mar Vermelho, a rodear a terra de Edom e o povo se desanimou pelo caminho."
Isto o fará entender como a alma do povo de Deus estava nessa condição. Os momentos de tensão mental sempre virão em algum momento da vida; o Apóstolo Paulo também teve tempos de profunda batalha espiritual e mental, como o expressa numa das suas cartas:

2 Coríntios 1:8 ^{RVR1995}
"Irmãos, não queremos que ignoreis acerca da tribulação que nos sobreveio na Ásia, pois fomos agravados em grande maneira, além das nossas forças, de tal modo que até perdemos a esperança de conservar a vida."

Se não vence a depressão, ela o vencerá.

Não se deve acreditar que nunca mais haverá saída para a sua situação! Deve ter uma mente aberta às promessas de Deus que o levam a elevar a alma à esperança viva de Deus! A solução é levantar-se do poço onde caiu e trazer uma **mudança de mente** debaixo da bandeira das promessas de Deus!

Desalento

Desalento significa "estar sem alento, sem forças para seguir". Satanás quer desalentá-lo, porque se você estiver sem alento não é eficiente para conquistar os seus próprios desafios. A Palavra diz que Deus tem o /koach/ as forças, para dar ao que não tem nenhumas.
Os que esperam e confiam na força do Senhor mais do que nas suas próprias serão como a águia, recebendo novas forças.

Isaías 40:31 ^{RVR1960}

*"...Os que esperam no Senhor terão **novas forças**; subirão com asas como as águias; correrão e não se cansarão, caminharão e não se fatigarão."*

A cura para o desalento é receber novas forças, nova visão e uma fé renovada. Isto consegue-se crendo, colocando a mente na Palavra de Deus

Perfecionismo

Outra maneira em que a mente duma pessoa é atacada, é mediante o perfecionismo; esta isola-se dos demais, porque a sua mente a faz crer que "é melhor fazer as coisas por si mesmo do que mal feitas pelos outros". A pessoa perfecionista sempre faz as coisas sozinha,

A Batalha na Via do Pensamento Raciocínio

porque os outros, acredita, não as fazem como ele ou ela gostam. O propósito desta estratégia é, ao fim e ao cabo, isolar a pessoa do restante do Corpo de Cristo. Muitas pessoas com esta característica não sabem trabalhar em equipa, são anti socias, isoladas, resmungonas.

Aquele que é perfecionista trará consigo a solidão, porque sempre vai trabalhar sozinho. Essa área da sua vida deve ser ministrada.

Visto que os crentes funcionam juntos como membros de um corpo, o isolamento conseguirá paralizá-lo. A Palavra de Deus mostra-nos algo acerca disto em Eclesiastes 4:9, onde diz:

"...Melhores são dois do que um, porque têm melhor paga do seu trabalho. Porque se um cai, o outro o levanta."

Além disso, Jesus caracteriza isto quando ensina que a obra deve ser feita de dois em dois, na evangelização, e também quando diz que "onde estiverem dois ou três reunidos em Meu Nome, aí estarei no meio deles." Maravilhosa verdade, quando sabemos que há mãos que podem levantar-nos quando precisamos!

Pensamentos e Atitudes Incorretas

Os motivos ou as intenções incorretas do coração são impulsionadas pelos pensamentos que golpeiam a mente todos os dias; o problema radica quando acredita que são importantes para os levar a cabo. Os motivos podem fazê-lo crer que são importantes para si, mas de facto eles não serão para Deus . Ele sempre conhecerá os seus mais íntimos pensamentos e intenções, porque Ele vê e esquadrinha o mais profundo do coração. Davi achou graça diante do Senhor, porque o seu coração Lhe era agradável.

1 Samuel 16:7 ^{RVR1995}
"Mas o Senhor respondeu a Samuel: Não olhes ao seu parecer, nem para a altura da sua estatura, porque o tenho rejeitado; porque o Senhor não olha como o homem vê, pois o homem vê o que está diante dos olhos, mas o Senhor olha para o coração."

O Espírito de Deus conhece todas as intenções e pensamentos ocultos. Os pensamentos que são influenciados pelos maus conceitos são alimentados por um espírito de arrogância e orgulho no coração, que é uma maneira de pôr-se de acordo com a atitude do agir em rebeldia.

Jesus não se surpreendeu por aqueles que vinham até Ele perguntar-lhe coisas para O fazer cair numa

A Batalha na Via do Pensamento Raciocínio

armadilha, nem se deixava levar pelas suas palavras lisonjeadoras.

Ele conhece as intenções de cada coração e segundo os seus desígnios todo o homem será julgado.

João 2:24-25 RVR1995

^{24}"Mas o mesmo Jesus não confiava neles porque a todos conhecia; ^{25} E não necessitava de que alguém testificasse do homem, porque Ele bem sabia o que havia no homem."

Muitas pessoas entram para o ministério pelas razões erradas. Deus está mais interressado nos motivos do que no ministério. Quando faz as coisas, com que propósito as faz? Nas atitudes do seu coração é onde deve colocar as suas preocupações. Se os motivos são sinceros, então tudo lhe sairá bem e receberá o favor de Deus.

O que quiser entrar no ministério deve fazê-lo por um chamado e de boa vontade, não devido às vantagens ou benefícios que o ofício lhe possa trazer.

1 Pedro 5:2-3 RVR1995

"Apascentai o rebanho de Deus que está entre vós, tendo cuidado dele, não por força, mas voluntariamente; nem por torpe ganância, mas de ânimo pronto; nem como tendo domínio sobre os que estão ao vosso cuidado, mas sendo exemplos do rebanho."

Pode encontrar um exemplo disto na seguinte passagem bíblica, em Atos 8:18-23, na história de um homem chamado Simão.

A mente pode equivocar-se e às vezes julgar as pessoas incorretamente, já que ninguém conhece a fundo as verdadeiras intenções do coração. Só Deus conhece.

Pode ter motivos perniciosos para as suas ações (significa que quer vingar-se de alguém que lhe fez mal ou de quem não gosta). Sempre na mente receberá dardos inflamados que lhe provocarão inveja; outras vezes ciúmes e falsas suspeitas em relação aos demais. A desconfiança também é um dardo nocivo que separa amigos; se suspeita de alguém é porque está entrando em si ciúme e preconceito, e isto pode converter-se em divisão e rotura se não for parado a tempo. As emoções equivocadas conduzem a más atitudes; ambas procedem dos seus conceitos errados e movem-se nos pensamentos, que não pode controlar.

Estas atitudes e emoções equivocadas devem ser postas sempre debaixo da mente de Cristo, e não julgar apressadamente.

A Batalha na Via do Pensamento Raciocínio

Tem que ser vigilante dos seus pensamentos, porque eles são o que de mais vulnerável possui.

Indignação

Quando está indignado irrita e enfada muito as outras pessoas. A indignação é um problema que está dentro de si. Se está aborrecido consigo mesmo ou contra Deus estará sempre à beira do enfado e da ira. A indignação produz dentro de si pensamentos de rebelião que magoam as pessoas. A indignação é por vezes uma rebelião interna que está a ponto de explodir. A rebelião às vezes é produzida pela frustração, que inclui teimosia e obstinação.

Acusação e Condenação

Pode ver em tudo isto que a mente pode julgar e acusar indevidamente outros. A Palavra diz que satanás é chamado *"o acusador dos irmãos"* (Apocalipse 12:10). Estes dardos são para sentir-se capaz de ser juíz, mas ao mesmo tempo sentir-se-á inferior, condenando-se a si mesmo. Às vezes o Espírito Santo mostra-lhe, no seu interior, quando está a fazer algo de mal. É uma boa maneira de marcar a diferença entre a convicção do Espírito Santo e a condenação na sua mente. Tem que saber quem é em Cristo para resistir às dúvidas acerca de si mesmo, e quando julgou a outrem e se irritou, para deixar isso de uma vez.

Impureza sexual

Este ataque é o mais comum na mente do homem, especialmente quando anteriormente foi promísquo; uma vez casada ou não, a pessoa vai ser de quando em vez oprimida por pensamentos impuros. Quando se é cristão tem que se ter muito cuidado para onde se olha. Já comprovou que a mente sempre será o campo de batalha permanente no homem e na mulher. Para levar uma vida sem pecado só tem que resistir à tentação e repreendê-la. O importante é resistir no momento em que cheguem estes pensamentos. A pessoa deve ser muito disciplinada nesta área.

José e Timóteo são exemplos na Bíblia de jovens consagrados a Deus que quando chegou o momento da tentação arranjaram forças e fugiram dela. Fuja das paixões juvenis!!! Hoje, para a sociedade, parece ser uma loucura perder-se uma oportunidade, como eles dizem, mas para o jovem cristão é uma bênção. As pessoas que viveram no mundo durante a sua juventude e se converteram a Cristo, devem conhecer esta batalha e estar atentos para resistir-lhe sempre. O importante é não cair outra vez no laço do sexo ilícito. Uma das coisas que cada homem crente deve guardar são os seus olhos. Jesus disse:

A Batalha na Via do Pensamento Raciocínio

Mateus 5:28 ^{RVR1995}
"Mas Eu vos digo que qualquer que olha para uma mulher para a cobiçar, já adulterou com ela no seu coração."

Confusão

O bloquéio mental é a influência deste espírito perverso e provoca indecisão e frustação na sua mente. Quando está confuso, certamente não pode tomar decisões corretas. Um equívoco fará com que o seu futuro seja grandemente afetado. Não faça nada importante se não está seguro que o Senhor aprovou isso. A confusão move-se com a instabilidade e a insegurança.

Seja sincero com Deus e peça-Lhe direção nas decisões que tiver de tomar. Deixe que Ele seja o seu melhor conselheiro e um amigo fiel em quem pode confiar. Aprenda a depender do Senhor e não se apoie na sua própria prudência.

Pensamentos Torturantes

Há uma ampla categoria de pensamentos que podem torturar a alma e que se movem dentro dela, no âmbito espiritual e emocional. Muitas vezes a pressão nos trabalhos e também na família, enviarão à mente dardos de preocupação e ansiedade que lhe provocarão nervosismo.

> O atormentador é uma força do mal que golpeia a alma quando esta está encurralada e presa.

Pensamentos de culpa aproveitarão para trazer-lhe tortura e também o medo. Paulo fala do "espírito de medo" em:

1 Timóteo 1:7 ^{NTV}
"Querem ser reconhecidos como mestres da lei de Moisés, mas não têm nem idéia do que estão dizendo, apesar de falarem com muita segurança."

Hebreus 2:15 ^{NTV}
Únicamente dessa maneira o Filho podia libertar a todos os que estavam vivendo escravizados com medo da morte."

Estes textos falam dos pensamentos que causam tormento e também incluiem recordações de sucessos amargos e dolorosos, nas lembranças do passado. Se pensamentos negativos e deprimentes involuntários tratam de se infiltrarem na mente, oprimindo-a com pensamentos de acusação e muito mais, podem produzir enfermidades no seu corpo. Isto pode incluir um colapso nervoso ou várias condições mentais, reconhecidas medicamente. Só o Sangue de Cristo perdoa e limpa todo o pecado do passado. A confiança e a fé no Sangue derramado de Jesus, torna-o livre da lembrança acusadora.

Atração do Mundo

Satanás tratará constantemente de o fazer centrar nas coisas passageiras e vãs, em vez de se centrar nas coisas verdadeiras.

1 João 2:15 ^{RVR1995}
"Não ameis o mundo nem as coisas que estão no mundo. Se alguém ama o mundo, o amor do Pai não está nele."

As preocupações do mundo podem provocar que a Palavra de Deus seja ineficaz na sua vida (ver a parábola do semeador em Mateus 13). As preocupações da vida natural que o absorvem, podem tirar-lhe a visão da Segunda Vinda de Cristo. Esta vã maneira de viver vai enchê-lo mais dos cuidados deste mundo e dos prazeres passageiros, e a preocupação encherá o seu coração durante as 24 horas do dia, roubando-lhe o tempo que devia dedicar ao Senhor. Satanás tratará de ocupar os seus pensamentos com materialismo, em vez de valores eternos.

1 Timóteo 6:10 ^{NTV}
"Pois o amor ao dinheiro é a raíz de todo o mal; e algumas pessoas, no desejo intenso pelo dinheiro, se desviaram da fé verdadeira e causaram a si mesmas muitas feridas dolorosas."

Lucas 21:34 ^{RVR1995}

"Olhai também por vós mesmos, que os vossos corações não se carreguem de glutonaria, de embriaguez, e das preocupações desta vida e venha de repente sobre vós aquele dia".

Estratégias Espirituais de Confrontação

Vitória na Mente

Que arsenal de armas satanás tem dirigido contra a mente! Deixar sem conquistar estes pensamentos leva a ações pecaminosas. Por exemplo, o ódio pode levar ao assassinato, tal como foi explicado no livro "Sê Livre do Rancor", dos autores José e Lidia Zapico. Pensamentos adúlteros podem levar a um ato de adultério. O divórcio começa na mente. A cobiça pode levar ao roubo. Não há dúvida que a maior área da guerra espiritual é a mente. Mas não tema, Deus deu tremendas estratégias para vencer os ataques de satanás na mente.

Deixe que o Espírito Santo examine a sua mente

Primeiro, ore sempre a Deus para que Ele examine a sua mente e lhe revele as atitudes erradas, motivos e pensamentos contrários que foram introduzidos pelo inimigo. Na medida em que o Espírito Santo lhe revele tudo aquilo de que tenha de ser livre e de renunciar por completo, atue em conformidade com essa revelação.

A Batalha na Via do Pensamento Raciocínio

Peça perdão pelos padrões de conduta e pensamentos equivocados e use a palavra de Deus a fim de desenvolver novos parâmetros na mente, para que se possam alinhar corretamente com a perfeita vontade d'Ele na sua vida.

6

As Novas Ideologias: Um Atentado à Fé

O Apóstolo Paulo tinha grande oposição com os crentes da cidade grega chamada Corinto. Os gregos estavam acostumados a utilizar os argumentos em todas as coisas e a discutir temas entre eles, isso fazia parte da sua cultura na vida cotidiana. Sempre levantavam discussões acerca das novas ideologias que os visitantes traziam. Quando o Apóstolo Paulo chegou à cidade, trouxe as "Boas Novas", que um Salvador judeu tinha morrido e ressuscitado pelos pecados dos judeus e também dos pagãos, algo novo nunca ouvido. Na segunda carta que Paulo lhes enviou, o Apóstolo não se defende a si mesmo, antes lhes dá explicações claras, ferramentas práticas, para que fossem usadas, a fim de sairem das antigas formas de atuar nas suas vidas cotidianas e se adaptassem às mudanças de vida que o Evangelho trazia. Esses conselhos ser-lhes-iam úteis para poderem vencer os ataques que continuamente confrontavam as suas mentes, já que o *raciocínio* (argumento e discurso) fazia parte deles. Apesar de receberem o Evangelho, a sua forma de atuar não era a correta para crentes; ainda que o Apóstolo reconhecesse que os dons de Deus se manifestavam neles, contudo eles mantinham-se presos na área sexual, pecados evidentes e indecentes. Isto dá-nos a entender que ter um "bom raciocínio" não é suficiente para entender as normas espirituais que o Evangelho traz consigo, que é tranformação na mente e nas atitudes.

2 Coríntios 10: 1-2 RVR1960
"Eu, Paulo,...estou disposto a proceder ousadamente contra alguns que nos julgam como se andássemos segundo a carne."

O que é que estva errado nestes cristãos? Simplesmente eram pessoas que estavam acostumadas a questionar tudo e não conheciam nem se interessavam pelo tema da fé, que para eles era novo e algo abstrato. Não entendiam o poder exercer a fé sem usar o raciocínio; ainda que tivessem abundância de dons, possuiam uma mente carnal, que os fazia pensar que estavam a atuar bem.

O Raciocínio como Inimigo da Fé

Sempre os argumentos se entrelaçam na mente e se opõem à verdade; esta é a razão por que o ser humano na atualidade tem que conhecer o mundo espiritual e o inimigo da sua alma, porque o Evangelho faz com que deixe de ser carnal para o converter num homem ou mulher espiritual. Esta batalha é contra os argumentos que se levantam na sua mente, são como fortalezas que se opõem para que não obedeça a Deus.

As Novas Ideologias: Um Atentado à Fé

O Apóstolo adverte que se deve derrubar não o "bom pensar" mas o pensamento contrário, o que resiste e se levanta como um muro contra a verdade, porque esta sempre traz mudanças. Paulo trata de os fazer entender que a mente deve ser levada cativa a Cristo e fundir-se com a mente d'Ele numa só. Existem fortalezas, argumentos e casas de pensamentos. As fortalezas espirituais entrelaçam-se e afirmam-se com argumentos, e são estes que dão vida aos pensamentos que fazem uma cohabitação, morada ou casa na vida do ser humano.

As Novas Ideologias Pervertem os Bons Costumes

As idéias estruturadas formam "uma ideologia"; esta pode causar distanciamento por causa de disputas entre amigos ou várias pessoas, separando-os moralmente por diferenças de opinião. As ideologias são produto do raciocínio, às vezes indicador de mentes doentias que fluem com intenções obscuras, que nunca são claras a quem são transmitidas.

2 Coríntios 11:3 [RVR1960]
*"Temo que como a serpente **enganou** Eva com a sua astúcia, os vossos sentidos sejam apartados da verdadeira sinceridade a Cristo."*

A palavra engano vem da palavra grega /*exapatao*/, que significa "seduzir completamente. Pelo que se pode concluir que a serpente seduziu a mente de Eva, afetando a sua crença original, usando os seus sentidos, como a vista e o paladar (até agora ela tinha seguido ordens, era a primeira vez que tinha de decidir por si própria).

A sedução vai diretamente à mente e afeta os cinco sentidos.

A vida existencial e a matéria que se vê, tudo foi criado e é sustentado pela Palavra de Deus. Fora dela não existe nada, tudo o resto é falácia e mentira, não possui fundamento nem estrutura.

As falsas ideologias são fumo que se extingue. Só a Palavra de Deus e o criado por ela se sustém eternamente com selo de veracidade.

Hoje, as forças das trevas continuam a utilizar novos conceitos com estruturas diferentes e contrárias umas das outras, que lamentavelmente são sempre adaptadas por mentes obscuras, influenciando milhões de seres humanos que imprudentemente as adotam com expectativa, como se fossem as melhores escolhas para dar soluções à raça humana; outros consideram-nas como alternativas nunca antes havidas (apesar de terem

As Novas Ideologias: Um Atentado à Fé

sido criadas na imaginação), como soluções sociopolíticas com expectativa de mudanças. Hoje mais do que nunca, a sociedade em que vivemos é confrontada com o raciocínio humano, tudo se lhe pergunta, mesmo o que está escrito na Palavra. Hoje está sendo travada a mesma batalha espiritual que teve que enfrentar a igreja primitiva nas seguintes maquinações:

1. O levantamento das correntes gregas.
2. O engano dos gnósticos e ateus.
3. A iluminação da mente, com a mistura de paganismo e ocultismo.
4. Práticas de esoterismo, misticismo, metafísica e cultos falsos.

É evidente que o mundo está debaixo de forças oponentes à base e fundamento do verdadeiro e genuíno cristianismo. É por isso que hoje o ataque volta a ser o mesmo que a Igreja primitiva recebeu, mas com mais intensidade.

Esta é a razão porque uma ideologia pode ser perigosa, não só por mover as massas, mas também por ideologias que a cada dia aparecem na terra.

Para além do poder do controle religioso que é exercido, enganando e prendendo as mentes por completo.

Anakainosis da Vossa Mente

Vejamos quais são os ataques na mente de uma pessoa debaixo da influência dos argumentos, e alguns dos sintomas:

1. Movem-se debaixo de uma influência de instabilidade emocional e sentimental.
2. Cada vez que começam algo nunca o terminam.
3. Sempre estão com ânimo dobre, que é sinal de uma mente dividida.
4. Vivem debaixo de um círculo vicioso e repetitivo.
5. Sempre têm atitudes de queixas e murmuração.

1 Timóteo 4:1 RVR1995
"Mas o Espírito diz claramente que, nos últimos tempos, alguns apostatarão da fé, dando ouvidos a espíritos enganadores e a doutrinas de demónios."

O que são as Fortalezas na Mente?

As fortalezas são "castelos de idéias" que desde a infância
foram sendo edificadas na mente da pessoa. Isto inclui os padrões de comportamento nos quais os seus pais a educaram, a influência de amigos no seu ambiente de bairro e a educação moral e religiosa que recebeu. Tudo isto ficou impresso como uma fotografia na sua mente.

As Novas Ideologias: Um Atentado à Fé

Também na adolescência se podem forjar ideologias e conceitos errados que afetam os comportamentos da vida e resultam em atitudes contrárias à vontade de Deus.

2 Coríntios 10:4 ^{RVR1960}
"Porque as armas da nossa milícia não são carnais, mas poderosas em Deus para destruição de fortalezas."

Biblicamente o desafio não é só batalhar contra a aparência, mas também contra os argumentos da mente, que são a altivez e a lógica adquirida.

Esta opõe-se ao Espírito de Deus que habita dentro de cada crente. Uma coisa é permanecer debaixo do erro ideológico e outra coisa é adquirir a mudança de mente que se produz ao receber a Cristo no coração. O Evangelho é transformação, que é produzida pelo arrependimento. *Metanoia*, em grego, significa uma "mudança de mentalidade", que aparece quando alguém se arrepende de uma finalidade ou propósito que se formou (dentro de si), ou de algo que tenha feito (como era costume).

Paulo quer dar a entender que o mais importante do crente é mudar a sua antiga maneira de pensar, ou "série de conceitos direcionados a demonstrar algo", os quais se levantam contra a salvação da alma. Esta batalha do raciocínio está dentro do pensamento da alma, antes da pessoa se converter a Cristo, esteve entrelaçada com a vontade do homem e se a pessoa não se deixa morrer na cruz, que é arrependimento e mudança de sentido, ela não poderá sair vitoriosa no seu novo caminhar como cristão.

Mateus 3:8 ^{RVR1960}
"Produzi, pois, frutos dignos de arrependimento..."

A ação de /metanoia/ é visível, ninguém pode dizer "eu sou cristão" e continuar adulterando, como se pode ler em Gálatas 5:19-21, porque o arrependimento, que é *uma mudança de atitude* e um nascer para a verdadeira mente de Cristo, é visível nos frutos que se dão.

O cristão não anda no serviço militar, mas na milícia espiritual.

É certo que o ser humano anda e vive num corpo de carne, mas não milita segundo um exército convencional, a guerra é espiritual e portanto é feita no Espírito. Não se pode, no raciocínio, vencer as forças da maldade, tem que ser feito na Unção do Espírito Santo. Andando sempre debaixo da direção do Senhor então sim, os demónios se submeterão debaixo dos nossos pés.

2 Coríntios 10:3 ^{RVR1960}
"..Pois ainda que andando na carne, não militamos segundo a carne."

As Novas Ideologias: Um Atentado à Fé

É valioso este esclarecimento! Paulo expõe a diferença entre o domínio que exerce dentro do homem a natureza caída e o andar no Espírito, o qual agrada a Deus.

Não obstante, é verdade que sim, lutamos dentro da carne, efetivamente há uma milícia que fazer.

Os gregos que criticavam o Apóstolo consideravam-no, em aparência, medíocre e doentio, mesmo tendo admitido na sua carta que escrevia duma forma enérgica contra o pecado que eles praticavam. Paulo afirmava a doutrina para que entendessem a diferença entre o físico (que era a sua aparência, fosse agradável ou medíocre aos olhos deles) e o raciocínio que se levanta contra a vontade de Deus, explicando-lhes que mesmo andando como seres humanos débeis, estavam combatendo uma luta contra a própria natureza que está dentro de cada um, que começa na mente e termina no pecado, que é o próprio corpo. E é aí onde o Apóstolo lhes ensina a diferença, que os coríntios não entendiam.

O maior inimigo do homem é ele mesmo, e move-se na mente, que é o campo de batalha.

É importante entender como a vontade do homem atua nas suas decisões, porque é daí que saem os maus desejos dos olhos e da concupiscência da carne, o cansaço e a preguiça, que nunca querem alinhar-se à eficácia e direção do Espírito de Deus. A isso se refere o Apóstolo, quando acrescenta: "Derrubando **argumentos e toda a altivez** que se levanta contra o conhecimento de Deus, e levando cativo todo o pensamento à **obediência** de Cristo." - 2 Coríntios 10: 5.

O que é então um Argumento?

Segundo o dicionário, argumento é *raciocínio que demonstra ou justifica algo*. No grego, a palavra argumento é /*logismós*/, e a definição é: computação, cálculo, raciocínio (consciência, arrogância), pensamento. Paulo estava a aconselhar a derrubar a fortaleza do *logismo*, do cálculo, que está entrelaçada à altivez da mente não redimida, a qual se opõe a Deus. Aconselha a encerrar os pensamentos que venham do raciocínio carnal e submetê-los debaixo da verdadeira obediência, sujeitá-los, não deixar que continuem a governar a alma, porque são rebeldes e desobedientes à lei do Espírito.

Vencendo os Ataques na Mente

A batalha nos dias de hoje é similar; milhões de seres humanos são drasticamente confundidos e enganados pelas diferentes ideologias que proliferaram nos últimos séculos, desde a Revolução Francesa (afetando grandemente a humanidade com duas guerras mundiais). As ideologias dividem não só nações como também lugares e amigos. Como funciona isto? Ao crer e aceitar uma "nova forma de pensar com respeito a algo" isso torna-se uma *pauta* (instrumento ou padrão que serve para se regular na execução de algo). Lamentavelmente, ao estar fora da verdade absoluta, leva com ela o veneno de sedução, na qual a mente pode ser presa, caindo na escuridão, simplesmente por causa da mentira que esta ideologia, com as suas estruturas, traz consigo (a qual sempre se move contrariamente à verdade).

Quando a mente está somente habituada a raciocinar (e nunca a verdade tenha iluminado a mente ou a alma), indiscutivelmente cai-se em *falsas filosofias ideológicas,* baseadas nos *pensamentos humanos,* nascidos da natureza carnal, ou a velha natureza, que se move sem a luz da verdade. São simplesmente sonâmbulas imaginárias, contos abstratos antigos, que não têm base verdadeira que as sustentem. São todas idéias (casas de pensamento) contrárias a Deus e à Sua Palavra.

Já se tem escrito que a mente é espiritual e encontra-se dentro da alma. Esta batalha levanta-se contra o Espírito de Deus e não quer submeter-se nem obedecer à Lei de Deus. Portanto, o primeiro que se deve fazer, antes de pretender fazer guerra contra os espíritos demoníacos, **é submeter a sua mente à mente de Cristo,** senão pode cair-se no erro em que cairam os gregos da cidade de Coríntios. As fortalezas levantam-se dentro das mentes para impedir que se tenham frutos verdadeiros na vida cristã.

> Tudo o que não está de acordo com a Palavra de Deus é mentiroso. Deus não mente nem é filho de homem para que se arrependa. Deus é verdadeiro, Deus é Luz e n'Ele não há trevas.

O homem é quem deve ajustar-se e alinhar a sua mente à do Criador. É o homem que deve mudar e não Deus. É preciso destruir e derrubar aquilo que se levanta contra o verdadeiro conhecimento de Deus, o que se opõe e batalha contra a alma.

Como perceber o que se opõe a Deus dentro de si?

Analise as suas idéias e os conceitos que estiveram muito tempo entretecidas nos sentimentos, pedras de tropeço que o impedem de ter boas relações com os outros. Idéias concebidas há muito tempo atrás, que já nem se recordava que estavam lá, mas que saem num mau momento, quando menos o espera. Na verdade, são argumentos entretecidos mesmo dentro do sistema nervoso, na sua memória, nos espaços ocos das velhas feridas, antigas rejeições, onde se escondem. São mais que teias de aranha que impedem que haja mudança,

As Novas Ideologias: Um Atentado à Fé

são os inimigos ocultos e difíceis de perceber, por já serem parte do caráter e da sua personalidade.

Exorto-o a que cuide do que pensa e não encubra os seus próprios erros, antes analize-se diante da Palavra e seja sincero consigo mesmo.

Não pode guerrear contra Deus. Ponha-se de acordo com o seu "adversário" e reconheça-O em todos os seus caminhos, deixe o raciocínio que o atormenta e aceite por completo a vontade de Deus na sua vida. Recorde que as fortalezas por derrubar produzem confusão na mente e tormento. Só Jesus Cristo lhe pode dar segurança, isso levá-lo-á a aprender e a atuar de forma diferente, o que o fará sentir-se melhor.

Nunca se auto justifique, porque isso não lhe dará a saída correta, pelo contrário, será uma barreira que o impedirá de alcançar a plenitude da sua vitória.

É importante saber que as pessoas inseguras sentem-se mal consigo mesmas, o que lhes rouba o gozo e lhes causa grandes problemas em todas as relações. Precisam que as estejam sempre reafirmando e lhes assegurem que tudo está bem, e são aceites. É evidente que necessitam nascer de novo e entrar numa relação íntima com o Senhor, o Deus que muda a velha criatura e a converta em nova. Portanto, é importante lembrar o que o Senhor lhe diz pela Sua Palavra:

João 6:37 ^{RVR1960}
"Todo o que o Pai me dá virá a Mim, e o que vem a Mim não o lançarei fora."

7

A Transformação do Entendimento

A Bíblia sempre mostrou o bem e o mal, a bênção e a maldição, a mente néscia e a entendida. Paulo exorta a "renovar o entendimento", isso traz mudanças: De uma natureza pecaminosa ou uma mente insensata, a uma mente transformada pelo poder de Deus, saudável e cheia do conhecimento Divino. Para o alcançar, é necessário conhecer a vontade de Deus.

Romanos 12:2 NTV
*"Não imitem nem as condutas nem os costumes deste mundo, mas deixem que Deus os **transforme** em novas pessoas ao mudar-lhes a maneira de pensar. Então aprenderão a conhecer a vontade de Deus, que é boa agrdável e perfeita."*

Sem entendimento e conhecimento a mente não é transformada e se ela não se transforma não pode agradar a Deus. Uma mente sem a revelação da Palavra nunca poderá fazer a verdadeira vontade de Deus, pois não haverá uma mudança no ouvinte. O mundo e as suas influências estarão ainda ativos no seu coração.

Se a mente e o coração não estão debaixo da verdadeira vontade de Deus nunca existirá a transformação adequada, pois entrará neles a degradação, o que levará a uma fase obscura, sem entendimento espiritual e sem conhecimento de Deus. A mente estará vazia e continuamente incrédula, opondo-se à revelação de Deus e sem poder alcançá-la.

1 Coríntios 3: 18-20 ^{RVR1960}
"Ninguém se engane a si mesmo, se alguém dentre vós se tem por sábio neste mundo, faça-se ignorante para que chegue a ser sábio. Porque a sabedoria deste mundo é insensatez para com Deus, pois está escrito: Ele apanha os sábios na sua própria astúcia. O Senhor conhece os pensamentos dos sábios, que são vãos."

A vontade de Deus busca-se na Sua Palavra escrita, ela é a verdadeira sabedoria que lhe dá o conhecimento para entender a boa vontade de Deus para a sua vida. O agarrar-se às atitudes mundanas faz com que permaneça na sua necessidade e fique preso na sua própria **insensatez**; por isso é importante que avalie o seu entendimento para saber até que ponto entende o que Deus lhe quer dizer. Muitas vezes pensa-se que se anda nos caminhos do Senhor como crente, no entanto muitos têm a mente entenebrecida.

Efésios 4:17-18 ^{RVR1960}
*"Isto, pois, digo e testifico no Senhor: Que já não andeis como os outros gentios, que andam na vaidade da sua mente, tendo o **entendimento entenebrecido**,*

A Transformação do Entendimento

separados da vida de Deus pela ignorância que há neles, pela dureza do seu coração."

Você pode manter o seu entendimento obscuro, debaixo de sombra, coberto de trevas, quando por sua ignorância conserva a dureza do seu coração. Essa dureza fá-lo permanecer sem mudanças de transformação na sua mente. Leia de novo este texto, em outra tradução:

Efésios 4:17-18 ^{NTV}

"^{17} Com a autoridade do Senhor digo o seguinte: já não vivam como os que não conhecem a Deus, porque eles estão irremediavelmente confundidos. ^{18} Têm a mente cheia de escuridão; andam longe da vida que Deus oferece, porque fecharam a mente e endureceram o coração face a Ele. ^{19} Perderam a vergonha. Vivem para os prazeres sensuais e praticam com gosto toda a classe de impureza. ^{20} Mas isso não é o que vocês aprenderam acerca de Cristo."

Da mesma maneira o Apóstolo Pedro exortava os crentes a viverem o tempo de vida que lhes restava na terra em plenitude, conforme a vontade de Deus.

Vemos que a essência de uma mente transformada é entender bem a vontade de Deus, e isso vem de ter um entendimento pronto para ser renovado uma e outra vez diante da Sua presença. O conhecimento do Senhor fá-lo sair da concupiscência deste mundo que não agrada ao Pai. (1 Pedro 4:2)

A Transformação implica Mudanças

A definição da palavra "mudança" é: Vir a ser diferente, alguém que aplica alteração, aplica transformação, que está em transição, alguém que vai de uma fase a outra para fazer de forma diferente.

Quantas coisas escondidas terá a nossa mente, que precisamos tirar da memória, para que a nossa vida seja diferente?

A mente dá para o exterior e por sua vez conecta-se com a alma que está no interior com câmaras secretas. Também é a porta de acesso dos olhos, que pode trazer contaminação a todo o corpo. A mente é uma porta espiritual. Por ela pode entrar a tentação, por isso deve estar sujeita a Cristo e deve renovar-se na Palavra para sujeitar-se a ela.

Os pensamentos que se acumulam diariamente na mente são a fonte que influencia as ações dos homens, determinando o comportamento e o caráter de cada indivíduo. Você mesmo influencia outros com palavras, afetando os seus pensamentos com comentários para o bem ou para o mal. Às vezes as pessoas não se apercebem e despejam a sua raiva nos outros. Outras

A Transformação do Entendimento

vezes os seus comentários fazem com que o seus amigos duvidem da credibilidade de outras pessoas. Sem se dar conta está a semear dúvida no ouvinte acerca da outra pessoa. E isto é um simples exemplo. Por isso tem de estar consciente que tudo aquilo que vê, ouve e lê terá influência sobre os seus pensamentos, e é disso que vai expressar-se, porque a boca falará do que ultimamente alimentou a sua mente.

Lucas 6:45 ^{RVR1960}
*...porque da abundância **do coração** fala a boca.*

O Apóstolo Pedro procurou ensinar aos crentes quão importante é impedir a mente de indagar nos assuntos proibidos por Deus, assim como de gastar esforços em coisas triviais.

Provérbios 23:7 ^{RVR1960}
*"Porque como é o seu **pensamento no seu coração**, assim é ele. Come e bebe, ele te dirá; Mas o seu coração não estará contigo".*

Se você não quer ser vítima das armadilhas do inimigo deve guardar bem os canais da alma, evitando que entre em seus pensamentos tudo o que é impuro, porque isso trará má influência a todo o seu corpo.

Não deve permitir que a mente absorva de forma

Anakainosis da Vossa Mente

aleatória qualquer tema que ocultamente tem influência maligna sobre ela.

O coração deve ser fielmente guardado como um cofre que guarda um bom tesouro, para que os males de fora não despertem curiosidades pelo proibido, no qual a alma vagueará em escuridão.

1 Pedro 1:14 ^{NTV}
"Portanto, vivam como filhos obedientes de Deus. Não voltem atrás, à vossa velha maneira de viver, a fim de satisfazerem os seus próprios desejos. Antes o faziam por ignorância."

Entendendo o que se Lê e se Ouve

Neemias 8:7-8 ^{RVR1960}
"E os levitas...; e o povo estava atento no seu posto. E liam o livro da lei de Deus claramente, e explicavam o sentido, de modo a que entendessem a leitura."

O povo que retornou após estar preso por setenta anos, tinha uma mente inclinada para os costumes babilónicos. No entanto quando regressaram à sua pátria e foi-lhes lida a Palavra, que é espírito e verdade, ela trouxe entendimento ao povo, que levantando as mãos, humilhou-se diante de Deus e adorava o Senhor.

O ouvir claramente a Palavra de Deus traz

A Transformação do Entendimento

entendimento e compreensão da verdadeira vontade de Deus para a sua vida.

A palavra *entendessem* em hebraico é /bin/ que significa: Discernir, perceber, agarrar. E refere-se ao processo da inteligência de discernir e entender, que todos os seres humanos possuem em maior ou menor medida. O avivamento espiritual não chegou até que o povo entendeu claramente o texto lido da Palavra de Deus.

Muitos estão sentados nos assentos de uma congregação, mas não entendem o verdadeiro significado do Evangelho e dos ensinos de Cristo. Muitos tomam os textos da Palavra e os acomodam ao seu próprio critério. Este é um estado mental, que já vimos, chamado insentatez, e que significa tolice. Muitos seguem a sua nescidade porque lhes gosta pensar e viver assim, em ignorância, porque a Verdade de Deus os confronta a deixar os seus maus costumes, que estão arraigados, como escrevemos anteriormente, na "casa dos pensamentos", sentido saudades das memórias familiares de infância, que não querem deixar. Enquanto que Paulo lhes diz para que deixem já esta tolice.

1 Coríntios 3:19-20. [NTV]
[19] *"Pois a sabedoria deste mundo é loucura diante de Deus. Como dizem as Escrituras: «Ele apanha os sábios na sua própria astúcia».* [20] *E também: «O Senhor*

conhece os pensamentos dos sábios, sabe que não valem nada»".

O Conhecimento é Maior que a Boa Oratória

O Apóstolo Paulo teve de defender-se diante dos que, por trás, o criticavam de ser fraco de aparência e de palavra, e duro ao escrever; ele assegura que o conhecimento das coisas espirituais é de mais estima do que uma boa oratória que encha os ouvidos. Ele sabia em si mesmo que conhecia a revelação, e isso bastava-lhe.

2 Coríntios 11:6 ^{RVR1960}

"Pois que ainda que seja rude na palavra, não o sou no conhecimento; em tudo e por todos já o temos demonstrado."

Porque então é tão Importante o Conhecimento?

A palavra conhecimento em hebraico é: /yadá/ e tem uma grande variedade de significados, como, entre outras coisas, entender, discernir, descobrir. O dicionário bíblico mostra-nos mais amplamente que no pensamento hebraico não se faziam especulações sobre a teoria do conhecimento, nem se tinha este como a recepção ou acumulação de dados sobre a realidade. A sua preocupação suprema era o conhecimento de Deus. Não se entendia como algo teórico, mas pelos resultados que produzia. Não era algo entendido discursivamente, mas que se manifestava pelo comportamento perante Deus, o qual demonstrava a existência do conhecimento; assim, por exemplo, quando Oséias denuncia: "...*o espírito de fornicação está no meio deles, e não conhecem o Senhor.*" (Oséias 5:4), **está dizendo que não pode existir conhecimento de Deus e pecado ao mesmo tempo.** Ao dizer que não havia *"conhecimento de Deus na terra",* acrescenta que: *"perjurar, mentir, matar, furtar e adulterar prevalecem"* (Oseas 4:1-2). Por isso o *"povo foi destruido, porque lhe faltou conhecimento."*

O contexto indica claramente que se está a ir para além de um simples saber teórico. Mais adiante o Senhor dir-lhes-á que o que queria era "conhecimento de Deus, mais que sacrifícios." (Oséias 6:6). Chegará um dia glorioso em que "a terra será cheia do conhecimento do Senhor" (Isaías 11:9), isso refere-se a uma terra onde "mora a justiça", não de pessoas cheias de filosofias ou teologias, um lugar onde a gente conheça realmente quem é Deus e as suas mentes estejam alinhadas com a verdade, em justiça e paz. **Isto é o que precisamos!** Que mais gente, muita gente, tenha o conhecimento desta justiça de Cristo, assim o mundo será diferente, haverá ordem, formosura, a glória de Deus substituirá o caos que hoje há, o ódio e as vinganças.

O conhecimento de Deus, do Seu Filho, da Verdade e

da vontade de Deus, é a base para ter uma mente transformada.

Porque *em Cristo estão escondidos todos os tesouros da sabedoria e do conhecimento* (Colossenses 2:3). Se O temos a Ele, temos tudo.

A Transformação é Sentir Como Sentiu Cristo

A palavra "transformação" nomeada em Romanos 12:2, em grego é /metamorphoo/ que significa: **Mudar noutra forma**, para transformar, transfigurar. Esta última palavra é a aparência em que Cristo se mudou e resplandecia com um brilho divino no monte da transfiguração. Quando somos transformados, isto tem que ver *"com uma mudança de todo o ser"*, que afecta para bem, não só o corpo e o espírito, mas também a alma. Jesus começou o seu ministério com uma palavra chave para todo o ser humano, *"arrependimento".* Isso veio trazer Jesus Cristo, uma mudança de mente.

Isto dá a entender que se se consegue controlar a mente e corrigi-la, conseguir-se-á mudar os pensamentos e as ações que controlam o corpo.

O Apóstolo Paulo explica que cada um deve chegar a ter a mente e o sentir que teve Cristo. **Que acontece quando não se tem o conhecimento da obra que realizou Cristo?** Justamente o problema radica quando

A Transformação do Entendimento

as pessoas fecham o coração à obra transformadora do Espírito Santo e não deixam que Ele faça a obra nas suas vidas. Ao não produzir-se essa "mudança", o conhecimento não chega, e a insentatez apodera-se da mente.

Colossenses 3:2 NBLH

"Ponham o olhar (a mente) nas coisas que são de cima e não nas que são da terra."

Efésios 4:23 NBLH

"e que sejam renovados no espírito da sua mente..."

A Bíblia fala que podemos ter uma mente renovada através de processos diferentes, os quais se se levarem a cabo, conseguir-se-á ter *a mente* de Cristo. Contrariamente a isto, não ocupar a mente focada constantemente na vontade de Deus, pode fazer que esta se degrade, até chegar a ser cauterizada por vinte e sete processos maliciosos diferentes, que é muito importante conhecê-los, para se estar cautelosamente preparado a fim de manter uma mente sã.

A Limpeza da Mente é a Pureza do Interior

Quando a mente não é tranformada, está oprimida pelo ambiente em que a pessoa se move. A limpeza da mente é a pureza do interior, e para isso há uma ordem. Ninguém consegue uma mudança repentina, de carnal a espiritual, é, antes de mais, um processo de submissão, rendição e entrega à obediência total a Deus e à Sua

Palavra. Indiscutivelmente, é o negar do Eu (a minha própria vontade) para querer obedecer e agradar ao Senhor.

> Quando se ocupa em ter um fervente desejo de transformar a sua mente, o Espírito de Deus fluirá no seu espírito e dar-lhe-á o controle sobre os desejos e apetites da carne, que tem a ver com o chamado domínio próprio.

A mente transformada é premiada com o fluir de Deus, que dá o controle contra os apetites da carne.

A Mente Preocupada Debilita a Fé do Crente

A preocupação é uma armadilha do inimigo para debilitar a mente de tal maneira que ela agonize. Jesus tratou com o problema da preocupação no Sermão do Monte:

Mateus 6:25-32 ^{NTV}

^{25} "*Por isso vos digo que não **se preocupem** pela vida diária, se terão suficiente alimento e bebida, ou suficiente roupa para se vestirem...Acaso com todas **as vossas preocupações** podem acrescentar um só momento à vossa vida?* ^{28} *E por que **preocupar-se com a roupa?** ...Porque têm tão pouca fé?* ^{31} *Assim que não se preocupem por causa disso tudo, dizendo...?* ^{32} **Estas coisas dominam o pensamento dos incrédulos, mas**

A Transformação do Entendimento

***vosso Pai celestial já conhece todas as vossas necessidades**...Assim que **não se preocupem** pelo amanhã, porque o dia de amanhã trará as suas próprias preocupações."*

A fé não pode ser absorvida pela peocupação, em vez disto, a fé é que deve sobrepor-se à preocupação.

Tem que aprender a desenvolver a confiança e a fé, para viver fora dos problemas que abatem a mente.

1 João 3:1 ^{NTV}
"Vejam com quanto amor nos ama o nosso Pai, que nos chama Seus filhos, e isso é o que somos! Mas a gente deste mundo não reconhece que somos filhos de Deus, porque não O conhecem."

Não se preocupe tanto pelas coisas materiais da vida, mas antes concentre-se em conhecê-Lo.

Deve comer para viver, não viver para comer; as roupas foram feitas para o corpo, não o corpo para as roupas. A sua vida e corpo devem ser usados como instrumentos de justiça, não para tomar espaço e recursos aqui nesta terra. Pode ser que viva aflito na sua mente, pela comida, roupa ou onde dormir; no entanto, Deus dar-lhas-á, quando você aprender a depender d'Ele.

Buscando Primeiro o Reino de Deus

Hoje em dia há muitas situações que fazem com que o homem viva debaixo de esgotamento e preocupação; no entanto, a preocupação não o ajudará em nada a resolver os problemas da vida, antes, vai causar mais tensão, a tal ponto que até pode ficar doente. Além disso, ela o distrai do propósito principal da sua vida, que é o serviço no Reino de Deus. Esta atitude mostra o quão fraco você pode estar ao enfrentar situações extremas da vida.

Quando deixa de confiar em Deus, não vai lembrar-se que só Ele está no controle da sua vida.

Da mesma forma que quando se queixa, ou vive constantemente ocupado, tudo isto é o resultado de uma mente que está acostumada a controlar todas as circunstâncias, em vez de crer que Deus é O que está em absoluto controle. Isto poderia chamar- Pré-Antecipação, quer dizer, é antes da ocupação – ação ou efeito de ocupar (que é o trabalho que uma pessoa realiza). Ou seja, para pôr a frase clara: o problema em si é quando você se antecipa ao problema, antes que Deus aja sobre o assunto, tratando de o resolver prematuramente, sem deixar que Deus seja o que realiza a obra. Inicialmente tem que crer e descansar no Senhor, o que implica o facto de *buscar primeiramente o Reino de Deus, antes das suas necessidades.*

A Transformação do Entendimento

Mateus 6:31-33 ^{NTV}

"Assim que não se preocupem...Estas coisas dominam o pensamento dos incrédulos, mas o vosso Pai celestial já conhece todas as vossas necessidades. **Busquem o reino de Deus em primeiro lugar e levem uma vida justa, e então se lhes dará tudo o que necessitem.**"

Concentre-se em ter um relacionamento correto com Cristo e em alimentar a sua alma, lendo a Palavra de Deus; isso o revigorará e lhe dará frutos. A Palavra é viva, ela ministra a si de tal maneira que lhe tira as preocupações diárias.

Filipenses 4:7 ^{NTV}

"Assim experimentarão a paz de Deus, que supera tudo o que podemos entender. A paz de Deus guardará o vosso coração e a vossa mente, enquanto vivam em Cristo Jesus."

É difícil viver uma vida cristã saudável, alimentando-se a cada dia com as coisas da carne e do mundo. Renove a sua mente na vontade de Deus e permita que o arrependimento faça um trabalho perfeito na sua vida espiritual, física e emocional. O crescimento espiritual até uma vida vitoriosa, está intimamente relacionado com o que vivemos em Deus.

Há que renovar não só a mente mas também as atitudes.

A Bíblia diz-lhe que tem de ser renovado na atitude da mente.

Efésios 4:23 ᴺᵀⱽ
"Por outro lado, deixem que o Espírito lhes renove os pensamentos e as atitudes."

Deixe que o Espírito renove os seus pensamentos e verá como vão mudar as suas atitudes, o seu caráter e a sua maneira de ser. A renovação da mente é levada a cabo quando permite que Deus sature por completo a mente e cada uma das áreas dos seus pensamentos.

Salmos 19:14 ᴺᵀⱽ
"Que as palavras da minha boca e a meditação do meu coração sejam do Teu agrado, ó SENHOR, rocha minha e meu redentor."

> Necessita compreender que hoje, mais do que nunca, é mister que se levante uma igreja que ame a verdade, viva a verdade e permaneça na verdade.

Quando renova a mente de glória em glória, os argumentos e as fortalezas espirituais são destruídos. Vai embora o medo, o temor e a cobardia. Começa a ver a verdade como um estilo de vida.

8

Os Inimigos dos Líderes Empreendedores

P ara entender as estratégias que o inimigo usa para atacar a mente usaremos o Livro de Neemias, para ver os diferentes tipos de ataques à mente que o inimigo consegue produzir. Cada vez que a Bíblia fala de muros, está a referir-se a segurança e proteção.

Neemias, Um Líder Exemplar

Neemias é um exemplo prático do ataque constante que o inimigo faz contra a pessoa que se propõe edificar a casa de Deus.

O que Neemias enfrentou e o povo que com ele estava edificando (enquanto reconstruiam os muros de Jerusalém) foi uma batalha direta à mente, para fazê-los sentirem-se mal e desistirem do seu projeto.

Quando se está disposto a servir a Deus com fidelidade, deve fortalecer-se continuamente no poder da Sua força, porque quando o fizer com compromisso e responsabilidade saberá como resistir aos ataques. Mas isso dependerá muito de como consegue rejeitar os pensamentos que o querem desanimar, para receber a vitória ou a derrota, levantar-se ou ficar sentado. O Livro de Neemias fala-nos de muros e das suas portas. As portas e os muros de proteção são chaves para as cidades (sabemos que antigamente quase todas as cidades estavam muralhadas). Elas são o que permite o acesso de um lugar para outro, seja para entrar ou para sair. Uma porta fechada indica que ninguém pode entrar.

> Os muros são símbolos de segurança, e as portas símbolos de autoridade.

Quando a Neemias foi encomendado ir a Jerusalém para restaurar os muros e as portas queimadas, ele se apaixonou, pois conhecia o valor espiritual que a cidade santa tinha e sentiu um desejo ardente por levantá-la de novo.

Quando se lê acerca da destruição de Jerusalém, podemos compará-la à vida de um crente antes de conhecer a Cristo (não tem muros espirituais que o proteja e também as portas de proteção estão feitas em cinzas). Espíritos maus podiam entrar e sair quantas vezes queriam. Assim opera a maldade naqueles que estão debaixo da opressão das potestades dos ares, que trazem influência de desobediência.

Existem cinco tipos diferentes de dardos diretos à mente, com base no que estamos mencionando em

Os Inimigos dos Líderes Empreendedores

Neemias 4, os quais são as declarações que os inimigos dos "edificadores" disseram. Cada uma das expressões formam parte da estratégia de como o inimigo ataca para fazer desistir da fé.

Sambalate e Tobias

Sambalate e Tobias representam o inimigo e as forças demoníacas que vêm para desanimar e colocar obstáculos aos crentes. Quando Neemias começou a reconstruir os muros caídos, eles enfureceram-se terrivelmente. Isso demonstra que quando determina obedecer a Deus e deixa que o Espírito Santo trabalhe na sua vida, o inimigo vai enfurecer-se muito, para desanimá-lo. Quando isto acontece, vão aparecer os Sambalates e os Tobias, mas o mesmo Deus que esteve com Neemias estará consigo.

Neemias 4:2-3 ^{RVR1960}
^{2}"*E falou diante dos seus irmãos e do exército de Samaria, e disse:*

1. *Que fazem estes fracos judeus?*
2. *Permitirse-lhes-á voltar a oferecer os seus sacrifícios?*
3. *Acabá-lo-ão num só dia?*
4. *Ressuscitarão dos montões do pó as pedras que foram queimadas?* E *estava com ele Tobías, o amonita, que disse:*

5. O que eles construíram do muro de pedra, vindo uma raposa o derrubará."

Aqui podemos ver que Sambalate e Tobias não só se irritaram mas também atuaram. Cada vez que o diabo usa uma boca para vociferar, é para afetar o seu futuro. O problema é que você não pode ouvir a voz do adversário, porque o ataque virá aos seus ouvidos para afetar a sua mente. Se presta atenção e acredita, isso vai afetá-lo grandemente. Analisaremos os diferentes ataques que o inimigo pode usar:

1. Exaltação da Debilidade

Quando o inimigo consegue exaltar a debilidade na sua vida, neutraliza-o, paralisa-o ou detém-no. A primeira coisa que Sambalate e Tobias fizeram foi exaltar a debilidade dos judeus, e o mesmo fará consigo: exaltar a área mais débil da sua vida. O inimigo falará à sua mente e dir-lhe-á algo como..."és um fracassado, porque acreditas que agora sim, vais conseguir..." Satanás enviará à sua mente tudo o que tiver que trazer e o colocará nessa fenda da sua alma, que ainda possa estar aberta.

Porque faz isso? Para que baixe a guarda e não possa vencer a fustigação do inimigo.

Quando satanás lhe recorda a sua debilidade, ele sabe

> bem que perdeu o controle sobre a sua vida.

Ele sabe que desde que Cristo veio à sua vida começou a perder o controle sobre si; por isso tentará convencê-lo uma e outra vez que você não é tão bom como diz que é. Faça a si mesmo esta pergunta: Quem não tem debilidades na sua vida? Se ele o ataca ou exalta a sua debilidade, deve saber que Deus está a trabalhar em cada uma delas para torná-lo forte ou livre por completo. Por isso tem que ter discernimento para entender quando é o inimigo que lhe fala, e tomar autoridade no Nome de Jesus, não deixando esses pensamentos se enraizarem na mente. Recorde o que diz a Palavra:

2 Coríntios 12:9 RVR1960
"...A minha graça te basta, porque o Meu poder se aperfeiçoa na fraqueza."

> Quando somos fracos na nossa humanidade, somos fortes em Cristo.

Tenha presente que o trabalho de satanás é condenar os crentes, mas a função do Espírito Santo é convencê-los de todo o pecado. Quando reconhece as suas debilidades diante de Deus, Ele o fortalecerá e se glorificará em si, porque você se torna dependente de Deus.

Anakainosis da Vossa Mente

Filipenses 4:13 ^{RVR1960}
"Tudo posso em Cristo que me fortalece."

Quando reconhece a sua debilidade, é importante colocá-la nas mãos de Deus, não a ignorando mas antes reconhecê-la, para que o Espírito de Deus trabalhe nela. Desta forma torna-se forte, porque dependerá da Sua graça infinita mais do que nas suas próprias forças.

2. Exaltação do Passado, Dúvida do Futuro

Neemias 4:2 ^{RVR1960}
"...Permitirse-lhes-á voltar a oferecer os seus sacrifícios?"

Esta foi a pergunta dos inimigos da reconstrução. Ao inimigo agrada-lhe escavar os problemas do passado, para ver em que o pode fazer sentir-se mal. Mas há uma boa notícia: "Tudo o que você fez no passado que desagradou a Deus, Jesus Cristo perdoou-lhe e apagou os pecados, atirando-os para o fundo do mar, ficando aí para sempre". O inimigo sabe como ferir os seus pensamentos para que não confie num futuro melhor e consegue isso quando realça as coisas do passado. Se se entristece, terá plantado sementes de incredulidade sobre o seu destino, que pode ser vitorioso em Deus. Uma das formas que satanás usará para lhe falar será através de perguntas. Assim o fez com Cristo nas três

Os Inimigos dos Líderes Empreendedores

tentações que satanás apresentou a Jesus, já que todas elas foram através de perguntas, para que n'Ele entrasse a dúvida de quem Ele era realmente. Quando receber um dardo de dúvida na sua mente em forma de pergunta, ou é do diabo ou são os seus pensamentos. O Senhor não o levará a um interrogatório, porque sabe e conhece o mais ínfimo dos seus pensamentos e só Ele lhe dará o que convém à sua vida.

O inimigo joga com o seu passado para turvar o seu futuro.

Ao recordar-lhe as coisas de outrora, o que intenta é prendê-lo à lembrança do fracasso, para que não avance, mas antes retroceda e não se comprometa, estando atado ao medo por aquilo que era antes.

Deus faz três coisas com o seu passado:

- Deus perdoa o seu passado.
- Deus liberta-o do poder do passado.
- Deus apaga o seu passado para sempre, para que não regresse aonde estava antes.

O passado turvo já foi apagado na sua mente através do Sangue de Cristo. O passado já não tem poder sobre a sua vida, porque Deus já o libertou desse poder para sempre.

Anakainosis da Vossa Mente

Agora pode dizer ao inimigo que o seu passado já não o preocupa mais e que quer ser um sacrifício vivo para Deus. Por meio do Sangue de Cristo tem entrada ao trono da graça.

Hebreus 10:19-23 [RVR1960]
[19] "*Assim que, irmãos, tendo liberdade para entrar no Lugar Santíssimo pelo Sangue de Jesus Cristo,* [20] *pelo caminho novo e vivo que Ele nos abriu através do véu, isto é, pela Sua carne,* [21] *e tendo um grande sacerdote sobre a casa de Deus, cheguemo-nos com verdadeiro coração, em plena certeza de fé, tendo os corações purificados da má consciência e os corpos lavados com água pura.*"

Apocalipse 21:5 [RVR1960]
"*E o que estava sentado no trono disse: Eis que faço novas todas as coisas. E disse-me: Escreve, porque estas palavras são verdadeiras e fiéis.*"

Miquéias 7:19 [RVR1960]
"*Ele voltará a ter misericórdia de nós; sepultará as nossas iniquidades e lançará no fundo do mar todos os nossos pecados.*"

"*De modo que se alguém está em Cristo, nova criatura é; as coisas velhas já passaram; eis que são feitas novas todas as coisas.*" 2 Corintios 5:17

3. Dúvida Para Que Você Tema O Presente

"...Acabá-lo-ão num só dia?"
Neemias 4:2 RVR1960

Outra pergunta de Sambalate. Quando satanás se dá conta que você a cada dia avança mais e mais, indo em frente vencendo as lembranças do passado, ele agora quererá colocar-lhe dúvida acerca do seu presente. Qual a resposta que pode ser dada para a pergunta formulada pelo seu inimigo: *"Num só dia o acabarão?"* A melhor resposta é: *"...é verdade, não vou acabar num dia, mas Deus está a fazer algo que não fez ontem em mim"*. A cada dia Deus está a fazer algo novo na sua vida. Tenha fé, que o que Deus começa Ele o termina. Como se sente hoje? Declare que se sentirá melhor. Se os seus olhos espirituais fossem abertos ao mundo espiritual, dar-se-ia conta que o que Deus esteve fazendo na última semana por si é maravilhoso. Ele não perde um minuto para criar coisas novas sobre si.

Mesmo enquanto dorme, Ele continua formando-o e moldando-o à sua imagem. Às vezes pode pensar...*"não estou a avançar, sinto-me estancado, não progredi em nada"*... simplesmente não creia nesta mentira, você não está pior, está melhor que ontem, mas amanhã será melhor e até mesmo o superará na semana que vem. O assunto não é mover-se no que sente ou no que está vendo hoje; é o que Deus está a fazer na sua vida, que você não está a perceber.

Deixe-me confiar-lhe algo: para o seu inimigo tudo se tornará cada vez mais difícil, enquanto que para os verdadeiros crentes tudo se porá melhor. Simplesmente porque a cada dia que passa, você se aproxima mais da eternidade, mas para ele se aproxima o dia da condenação eterna.

> Hoje não vai ser um dia perfeito, mas pode estar seguro de que o trabalho do Espírito Santo é profundo, sólido, estável, e que vai avançando dia a dia na sua vida.

4. Exaltação do Futuro, Para Impedir a Visão da Ressurreição

Neemias 4:2 ^{RVR1960}

..."*Ressuscitarão dos montões do pó as pedras que foram queimadas?*"

Sambalate e Tobías falavam intencionalmente aos judeus..."*vocês crêem que vão sair desta ruína? Crêem que Deus vai fazer algo convosco?*"; o inimigo queria que duvidassem das profecias dadas aos profetas, as quais anunciavam o futuro glorioso que estava diante da nação de Israel. Sim, Deus ia levantá-la do pó e das cinzas e restauraria a Israel duma forma maravilhosa, depois dos setenta anos que se estavam cumprindo nesse momento e na restauração futura depois da Sua vinda.

Recordemos o que relata o profeta Ezequiel

Ezequiel 37:1,3 ^{RVR1960}

^{1}"...E me levou no Espírito do Senhor, e me pôs no meio de um vale que estava cheio de ossos....^{3} E me disse: Filho do homem, poderão viver estes ossos? E eu disse: Senhor Jeová, Tu o sabes."

Quando Deus se revela em visões ao profeta, faz-lhe uma pergunta: *"poderão viver estes ossos?"* Deus já sabia o que ia acontecer, no entanto o Senhor estava chamando a sua atenção para que na visão dada na mente, o espírito de Ezequiel percebesse o futuro. Deus já tinha prontos os planos do levantamento da nação amada, já estava feito, simplesmente havia que esperar para que ele estivesse conectado na hora certa, quando o tempo de Deus chegasse. As poucas vezes que lemos na Bíblia em que Deus faz uma pergunta, não é porque Ele não saiba o que se vai passar, é porque quer ressaltar e impregnar na mente dos Seus filhos a verdade da ação que está por vir.

Deus vai chamá-lo à atenção para que veja o que Ele já fez, a fim de que você creia e se alegre juntamente com Ele.

Anakainosis da Vossa Mente

Nunca permita que o desânimo toque a sua mente, você tem que dizer: "Louvado seja Deus, porque para Ele não há passado, presente ou futuro! Ele é um Deus Eterno e constrói a minha vida a cada dia, pois é um Deus de ressurreição!" Lembre-se que o futuro em Cristo é melhor que o presente.

Romanos 8:11 ^{RVR1960}
^{11} "E se o Espírito d'Aquele que levantou dos mortos a Jesus habita em vós, Aquele que levantou dos mortos a Cristo Jesus também vivificará os vossos corpos mortais pelo Espírito que em vós habita."

Se por revelação entende que a glória vindoura é melhor do que a que está a viver, você tem esperança e fé. Se o mesmo Espírito que levantou a Jesus dentre os mortos está dentro de si, da mesma forma o levantará, vivificando o seu corpo por toda a eternidade.

1 Coríntios 6:19 ^{RVR1960}
"Ou ignorais que o vosso corpo é templo do Espírito Santo, o qual está em vós, proveniente de Deus, e que não sois de vós mesmos?"

5. Exaltação do Desânimo Para Desvirtuar o Reconstruido

Não se encontrou já muitas vezes com gente que não dá valor ao seu esforço? E às vezes não crêem que Deus está a trabalhar no secreto do seu interior. Isso não o deve desanimar, porque justamente isso é uma relação íntima e pessoal.

Já lhe aconteceu falar com alguém para contar-lhe o que Deus fez consigo, e lhe dizerem: "sim, mas ainda falta muito para terminá-lo...?" O inimigo quer trazer à sua vida o desânimo, para que ao primeiro problema que tiver de passar, se esqueça de tudo o que Deus fez por si...Satanás vai querer dizer-lhe: "não vale a pena nada do que estás a fazer..."

Mas Deus lhe diz:

Mateus 7:24-25 RVR1960
^{24} "Qualquer pois, que escuta estas minhas palavras e as pratica, assemelhá-lo-ei ao homem prudente, que edificou a sua casa sobre a rocha. ^{25} Desceu a chuva, e correram rios, e assopraram ventos, e combateram aquela casa, e não caiu, porque estava edificada sobre a rocha."

O nosso fundamento é Jesus Cristo. Não pode ser uma simples crença fundada numa ideología ou sobre um homem. Jesus Cristo é a única rocha eterna dos séculos, a pedra de fundamento do edifício. Quando satanás quer fazê-lo acreditar que o que Deus fez em si não é tão importante, então poderá dizer: " Eu sei em quem tenho crido.", como disse Jó: " Eu sei que o meu

Redentor vive, e depois de desfeita a minha carne, verei cara a cara a Deus."

O fim de Jó foi mais glorioso que o início; chegou a conhecer a Deus com revelação no seu espírito e na sua alma. Não pelo temor ao castigo, mas pelo que Ele era, O Todo Poderoso Deus.

2 Timóteo 1:12 ^{RVR1960}

"Por cuja causa também padeço isto, mas não me envergonho, porque eu sei em quem tenho crido e estou certo de que é poderoso para guardar o meu depósito até àquele dia."

9

Guardando o Coração do Líder

Se você ler atentamente o livro de Neemias, vai notar que o ataque de Sambalate e Tobias ia dirigido à mente dos judeus para os desanimar e para que deixassem de fazer o trabalho que Deus lhes tinha encomendado.

Como Neemias Derrotou o Inimigo?

Entenderá também que Neemias não só respondeu ao ataque verbal, contestando corretamente cada uma das suas ameaças, mas agiu, pois entendeu que a sua luta não era contra eles, mas que dependia de Deus por completo, para que Ele fosse glorificado nessa situação. O inimigo sabe quando uma pessoa está debilitada e claudica nos seus pensamentos. A posição que sempre deve tomar nestes casos é a firmeza.

Quando o inimigo terminou de falar, Neemias imediatamente começou a orar.

Neemias 4:4-5 ^{RVR1960}
"Ouve, ó nosso Deus, que somos objeto do seu desprezo, e caia o seu opróbrio sobre a sua cabeça, e entrega-os por despojo, numa terra de cativeiro.[5] Não cubras a sua

iniquidade, nem o seu pecado seja apagado diante de Ti, porque se irritaram contra os edificadores."

Quando está comprometido a servir a Deus de uma forma incondicional, não deve ficar preocupado, pois Ele mesmo é O que pelejará as suas batalhas. Algumas vezes até pode chegar a pensar..."*Vou defender-me, vou aclarar, tratarei de explicar...*", e o que faz é complicar as coisas e enredando-as mais. Quando serve a Deus de todo o coração e está caminhando na Sua perfeita vontade, pode ter a certeza que Ele pelejará as suas batalhas. Quando satanás quer atacar a sua mente, com idéias, pensamentos, imaginações ou com ameaças verbais, como as que foram apresentadas aqui, tem que adotar a mesma atitude que tomou Neemias.

1. Mantenha-se Firme nas Promessas que Deus lhe deu

Na oração que Neemias fez estabelece-se uma sólida decisão. Neemias disse algo assim como "olha Senhor o ataque dos nossos inimigos, como trataram de nos distrair, para impedir aquilo que estávamos a fazer; isso também deve fazer, quando o inimigo ataca a sua mente tem que manter-se completamente firme no que Deus lhe declarou.

2. A Fé Nunca deve flutuar

Neemias sabia o que estava fazendo, por isso a sua fé não flutuou. Ele nunca perguntou: *"Será que o que dizem os meus inimigos é certo?"* Quando é atacado na mente, o inimigo o que quer é desestabilizá-lo, mas é nesse momento que deve permanecer firme, porque seja qual for o ataque, não pode cair no vale da indecisão, antes, através dessa situação, atreva-se a escalar lugares mais altos em Cristo, porque dessa forma vai depender d'Ele. A Bíblia diz que "você deve ficar firme contra as astutas ciladas do inimigo".

3. Deve Fazer Oração com Autoridade

Neemias não fez uma oração de temor ou angústia. Ele disse: *"Ouve, ó nosso Deus, que somos objeto do seu desprezo, e caia o seu opróbrio sobre a sua cabeça, e entrega-os por despojo, numa terra de cativeiro."* Com este clamor ele estava dizendo: *"Senhor, intervém a nosso favor, enquanto Te servimos e edificamos a Tua cidade...Faz o que tiveres que fazer com eles".* Recorda que Deus deu-te autoridade através de Jesus Cristo. O inimigo teme os homens que têm autoridade, tem-lhes medo porque têm o fogo de Deus que se desprende deles aonde forem. Com o inimigo nunca se deve negociar.

4. Disposição e Ânimo apesar de qualquer Ataque

Anakainosis da Vossa Mente

Neemías 4:6 ^{RVR1960}
"Edificamos, pois, o muro e toda a muralha foi terminada até à metade da sua altura, porque o povo teve ânimo para trabalhar."

Quando adota uma posição firme e de autoridade frente à intimidação do inimigo, a ousadia lhe virá do céu...quando pensava que já não podia mais,...o Senhor lhe diz: "Sim, vais conseguir". A força que Ele lhe envia é o poder que em grego é *dunamis*, que significa "dinamite", porque é mais poderoso que uma bomba nuclear. Quando pensa que já tudo acabou, Ele o surpreende e lhe mostra que ainda tem muito trabalho para fazer, para glorificar o Seu Nome. Ainda lhe faltam muitas batalhas para vencer, porque é d'Ele que provêm as forças.

Isaías 40:29 ^{RVR1960}
"Ele dá força ao cansado, e multiplica as forças ao que não tem nenhumas."

A quem é que Deus dá força, ânimo e graça? Sim, ao que está cansado! Admira-se? Ele sempre o surpreenderá! Alguma vez se sentiu cansado? Há uma promessa de Deus para si! Receba-a e aja de acordo com esta Palavra de fé. Leia-a em voz alta:

"Ele dá-me força quando estou cansado e multiplica as forças quando não tenho nenhuma." "Ele levanta a minha cabeça e é a minha glória, Ele é escudo ao meu redor"...

Salmo 3:3-4
"Clamei ao Senhor com a minha voz e me escutou desde o Seu santo templo."

A Palavra produz sempre na sua vida um estímulo de glória, para o momento certo que você precisa.

Josué 1:5 RVR1960
"Ninguém se susterá diante de ti, todos os dias da tua vida; como fui com Moisés, assim serei contigo; não te deixarei nem te desampararei."

Isaías 54:17 RVR1960
"Nenhuma arma forjada contra ti prosperará, e condenarás toda a língua que se levante contra ti em juízo. Esta é a herança dos servos do Senhor, e a sua salvação que de Mim virá, diz o Senhor."

Isaías 54:15-16 RVR1960
¹⁵ "Se alguém conspirar contra ti, fá-lo-á sem Mim; o que cosnpirar contra ti, diante de ti cairá. ¹⁶ Eis que Eu criei o ferreiro que assopra as brasas no fogo, e que produz a ferramenta para a sua obra; também criei o assolador para destruir."

Estas palavras demonstram que ainda que o ataque aumente de intensidade, Ele nunca vai deixá-lo desmaiar, porque Deus tem cuidado da sua vida.

Guardando a Mente

Se se sente atacado na sua mente, isso desempenha um papel preponderante nas suas emoções, porque, *que é que se esconde dentro dela?* Pensamentos, idéias, recordações tristes e alegres, cada parte tem uma função muito importante para o bom funcionamento do seu corpo, e é sábio compreendê-lo, porque também Deus a desenhou para que nela guarde experiências maravilhosas, que Ele lhe permitiu viver.

Um crente sem experimentar Cristo no seu coração, está vazio e muito propenso a cair na dúvida, mas um cristão cheio de Deus, ouvindo a Sua voz e conhecendo-O em intimidade, superará os traumas da vida. Se consegue entender a maravilhosa obra de Deus, que Ele fez ao transformá-lo do que era no que é hoje, por meio da Sua graça, é importante que possa deixar que Ele o molde, a fim de ser um recipiente que nunca acabará de se encher, como um manancial sem fim. Peça ao Senhor que fortaleça a sua mente, para não perder nenhum dos neurónios que Ele lhe deu, mas, pelo contrário, que se mantenham renovados através de novas ligações espirituais que Ele lhe dará a cada dia, quando O buscar em Espírito e em Verdade.

Guardando o Coração do Líder

Como Manter o Cérebro Saudável?

Para manter os neurónios e a mente sã, Deus ensinou a Josué o seguinte: "Medita na Palavra de dia e de noite". Meditar na Palavra não é entrar em transe nem pôr a mente em branco, como o yoga ensina, e muito menos fazer meditação transcendental. Meditar é recordar e pensar constantemente, é esquadrinhá-la a cada dia, até que ela seja impregnada no mais profundo do ser. É comparada a uma marca ou impressão no coração, que vai permanecer gravada. Mantenha uma mente sã e livre de cargas inúteis. Esse é o melhor que pode fazer, juntamente com guardar o coração sem ódios nem rancores.

Quando se está a passar pelo processo de recuperação, a primeira coisa que enfraquece é a mente, porque é carnal, parte do corpo físico, e o cérebro também precisa de descanso.

Quando isso sucede, por uns dias perde-se motricidade no corpo. O cérebro é como um músculo, por isso é importante manter e cuidar do corpo e da mente. Os neurónios ligam-se uns com os outros, e cada vez que você aprende algo novo os neurónios fazem novas ligações. Quando renova a mente através da Palavra de Deus e se enche de fé, esperança e amor, é isso mesmo o que sucede. A felicidade pessoal depende muito do estado anímico do coração e da determinação da mente.

Se não conhece bem a Palavra de Deus pode ser facilmente confundido e ceder ao engano.

É importante saber que hoje em dia a sua guerra pessoal não é física, mas sim no âmbito espiritual. Se não conhece como se isso funciona pode ser um perdedor logo à partida.

Quando não se tem suficiente Palavra de Deus que produz em si essa força interior, que lhe dá discernmento, entendimento e a visão espiritual correta, não terá reservas suficientes para se defender quando chegarem os ataques.

Todos os dias faça algo que o leve a um novo desafio na sua fé. Isso o ajudará a desenvolvê-la e crer em Deus.

10

Sendo Livre Nos Pensamentos

Para renovar os pensamentos é muito importante que entenda que deve permitir ao Espírito Santo fazer umn trabalho diário na sua vida. Os seus pensamentos, se não forem canalizados para a vontade Deus, farão que tome decisões que vão comprometer a sua vida cristã e a sua relação pessoal com o Senhor. Quando ainda existe uma tendência pecaminosa por resolver na alma, o inimigo terá direito de o oprimir, confundir a sua mente para o fazer sentir-se mal. Tome cuidado! Os pensamentos carnais dão ao inimigo um campo apropriado para que continuamente projete os seus ataques, pois eles são os instrumentos para produzir bloquéios excessivos na mente, os quais produzem amargura e frustração. O importante é entender que isso é o o que o inimigo aproveita para usar contra si; é a desobediência que há no coração que lhe dá vantagem para cativar a alma e fazê-la também escrava do pecado; portanto, o objetivo final é destruir por completo a vida do ser humano.

> Os pensamentos carnais insistentes na mente, provenientes das más decisões tomadas no coração, serão uma arma poderosa que o inimigo usará para derrotar o cristão.

Examine a Fonte dos Seus Pensamentos

Com que está a alimentar os seus pensamentos?

Permita que cada pensamento que está na sua mente se submeta a Cristo. É impossível que tenha um coração de adorador se a cada dia está a alimentar a sua mente com música secular. Da mesma forma, se alimenta a mente com pornografia, os seus pensamentos serão de luxúria e degradação sexual. Do que come é do que se alimentarão os seus pensamentos.

Provérbios 23:7 ^{RVR1960}
"Porque qual é o seu pensamento no seu coração, assim é ele."

O ser humano converte-se no que pensa; por isso não permita que maus pensamentos governem a sua vida, mas que os sujeite debaixo do poder do Espírito Santo.

Provérbios 20:18 ^{RVR1960}
"Os pensamentos com conselho se confirmam; e com sábia direção se faz a guerra."

O Que É Estar Debaixo De Ataque?

É a luta do raciocínio, entre o que você quer e o que sabe que não pode. São dardos do inimigo diretos à

Sendo Livre Nos Pensamentos

mente. É um contestar constante, um combater contra as ameaças da incredulidade, opressões e o encurralamento dos desejos da alma, que vêm para que se renuncie à verdadeira fé. Uma mente debaixo de ataque sempre contradiz a verdade, refuta cada decisão que se tome a favor da verdade e interpõe-se às boas decisões que você quis tomar para impedir o fim que desejava alcançar. A luta move-se dentro de si; mesmo que a alma esteja redimida, diz Paulo: "*...O mal faz-se sem se querer fazê-lo.*" Com o seu próprio exemplo, o Apóstolo revela a verdadeira batalha interior que cada ser humano trava. Dentro desse ataque, muitas vezes se manifesta a insegurança, "Vou fazer ou não?". Outras vezes a preguiça também influencia o mau comportamento.

A antiga serpente inimiga da alma, alimenta-se do pó do pecado que está radicado na alma, por isso Jesus Cristo tratou com o o pecado diretamente, para que os dardos do inimigo na mente não tivessem poder sobre a alma. Lamentavelmente, a incredudulidade tem um papel muito importante nisto; mesmo que a pessoa saiba que a Deus Lhe agrada que se acerquem d'Ele com fé e certeza (porque é um Deus perdoador), o orgulho nem sempre está vencido dentro do coração, e este batalha para que a vontade do homem não seja submetida totalmente a Deus. Mais ainda, opera constantemente com pensamentos enganosos e mentirosos, que definitivamente se opõem à boa vontade de Deus.

Cada Um é o que Pensa de Si Mesmo

Enquanto que alguns não dão valor a si mesmos, outros são incitados pelo inimigo para acharem-se mais do que o que são. Uns consideram-se "insuficientes", enquanto outros consideram-se "auto suficientes". Estes são os que se inclinam a acreditar que tudo podem resolver e que tudo sabem. Se nos referimos à salvação como base para passar à vida eterna depois da morte, poderá notar que muitos cristãos não estão seguros da sua salvação. Então, entenderá que o projeto do pecado original foi, e é, deturpar a verdade de Deus (dar um conceito errado das palavras ditas no seu sentido original).

O conceito verdadeiro e genuíno consiste em que o homem é adotado para ser filho de Deus pelo puro afeto da Sua vontade.

O homem desde o início, no jardim do Éden, goza do livre arbítrio, por isso depende da decisão do seu coração para saber se vai fazer ou não, isto ou aquilo. Aqui entra o conceito de que ou se segue o bom ou o mau. Se este ponto é essencial também o são os outros. Quais? O compromisso com Cristo, a fidelidade, a honestidade com Deus e com quem se rodeia, quer dizer, a decisão no coração do homem de deixar o pecado para seguir a Cristo.

Sendo Livre Nos Pensamentos

Como Ganhar a Batalha na Mente?

Resistindo a todo o pensamento de especulação que se aloja na mente. Há que resistir a todo o raciocínio que se levanta contra o conhecimento de Deus. Os pensamentos altivos são aqueles que o levam a julgar a Deus, perguntando-Lhe o porquê das coisas. Jó era uma homem muito religioso mas estava preso ao medo. Todos os dias levantava altares para que os seus filhos fossem protegidos; o medo que o amarrava na sua mente não protegeu os seus entes queridos, pelo contrário, fez com que os perdesse. Quando perdeu tudo e teve um encontro real com o Deus Criador, foi quando se humilhou e o medo saiu dele. Nesse momento começou a confiar em Deus mais do que nas suas próprias forças. Foi aí que Deus lhe devolveu sete vezes mais do que tinha perdido.

Tem que saber levar cativo todo o pensamento altivo que intenta pôr em dúvida a Soberania de Deus na sua vida; remova o medo para crer e depender só de Cristo.

Apropriando-se do Capacete da Salvação

A Bíblia estabelece que Deus nos deu armas espirituais, poderosas em Deus.

Para estar pronto na batalha espiritual, a armadura

completa do crente é uma das mais eficazes.

É importante recordar que de acordo com a Palavra, esta armadura, em primeiro lugar, é espiritual e não física, além disso tem diferentes proteções para o corpo, e tem armas tanto para a defesa como para o ataque. Para a cabeça do soldado cristão Deus desenhou o "Capacete da Salvação". Este serve para proteger a mente dos ataques do inimigo face aos pensamentos mentirosos, que trazem dúvida acerca da sua autoridade em Cristo.

Em toda a batalha espiritual a mente poderá ver-se afetada através dos dardos atirados ao pensamento. Tudo vai depender se está ou não corretamente protegida.

Se a pessoa não aprendeu a controlar os pensamentos de distração diários, enganos e sentimentos incontroláveis, tão pouco poderá vencer os dardos que virão com precisão e extremamente certeiros para o atacar.

O capacete é uma proteção que Deus lhe dá, ao saber que é salvo.

A Importância do Capacete da Verdade

Paulo fala da importância de colocar a armadura de Deus, para sair vitorioso na vida cristã. Esta armadura espiritual está desenhada para que nenhuma parte do corpo fique a descoberto por causa do ataque do inimigo. O capacete chamado "o elmo da salvação" está ligado à esperança da Glória vindoura. É a proteção da alma, que consiste na esperança de que, pela graça, somos salvos.

Porque razão deve colocar o capacete da salvação para proteger a sua mente?

Porque é aí onde se produz uma das batalhas mais ferozes contra a fé do crente. Por isso é importante que conheça as estratégias e as armas que Deus lhe deu para contra atacar os ataques na mente.

Lembre-se que a sua mente está sempre em torno de tudo o que você faz, desde que se levanta até se deitar; ela trabalha as vinte e quatro horas e nunca para.

Se o capacete protege a nossa mente, podemos reconhecer que Deus nos dá como que uma cobertura divina, que está baseada na segurança de que somos salvos.

Como Libertar-se dos Pensamentos Religiosos?

Quando a gente entra num fanatismo religioso, a opressão manifesta-se nos seus pensamentos. Querem agradar a Deus com as suas próprias forças, pensam que dentro de si estão as qualidades próprias com as quais se devem esforçar para alcançar o que necessitam. Usam de rezas repetitivas, uma e outra vez, até que a mente fique esgotada e sem compreenderem a relação viva, que é ter a Jesus Cristo no coração.

Tiago 3:15 RVR1960
"...porque esta sabedoria não é a que desce do Alto, mas é terrena, animal e diabólica."

Quando a pessoa recebe o conselho de um amigo(a) para que se aparte dos ídolos (que vê e toca), pensa que a sua mãe ou outra pessoa importante se sentirão mal, se o fizer. Em todo o pensamento religioso houve um pacto ou um voto, no qual a pessoa se sente perseguida se o deixa, e mais, acredita que desgraças lhe cairão se se solta dessa fortaleza religiosa. Os pensamentos de assédio são usados por um espírito de erro, para que a pessoa não saia do engano.

A estratégia de satanás é enganar e fazer cair no erro a todo aquele que foi preso por um voto que lhe fizeram pronunciar no passado.

Sendo Livre Nos Pensamentos

Os votos frente a uma estátua convertem-se numa ligadura na mente difícil de romper.

Tito 1:15 ^{RVR1960}
"Todas as coisas são puras para os puros, mas para os corrompidos e incrédulos nada é puro; pois até a sua mente e consciência estão corrompidas."

O fanatismo religioso é um espírito que traz consigo erro e engano, e faz com que as pessoas aparentem que estão cheias de satisfação e entusiasmo na sua alma, mas por dentro estão presas ao fanatismo, tendo um caráter dogmático, brusco, que lhes dá o direito de julgar os demais friamente.

Cada promessa ou voto que fazem ao seu "deus" é uma grande cadéia que eles mesmos colocam neles.

Esta classe de pessoas recusa escutar a exposição de outros, pois estão convencidos que "estão ouvindo a voz de Deus", ainda que estejam a escutar as vozes dos demónios que os prendem, em seus pensamentos, à imagem que professam ter-lhes fé.

Quando uma pessoa está afetada por um fanatismo religioso, não pode raciocinar, porque levantou fortalezas mentais que estão oprimindo a sua mente.

Essas fortalezas são tão grandes que levantam argumentos de auto justificação. Eles não vão escutar ninguém que contradiga a sua maneira de ver as coisas, pois a sua mente está oprimida sob um véu obscuro de engano e mentira. Talvez o que dizem soe bem, mas não é verdade. Cristo não está nas suas mentes, e o que eles dizem são argumentos falsos, incorretos e enganosos. É importante aclarar algo: Não se pode possuir de imediato a mente de Cristo, livre de argumentos e de justificações pessoais, se primeiramente a pessoa não se humilha diante de Deus. Os pensamentos religiosos estão entretecidos pelo espírito de orgulho geracional. Por não querer seguir a verdade, Deus cegou-lhes o entendimento para não conhecerem a verdade e virem a Cristo para serem salvos. Preferiram seguir a mentira e os ídolos, em vez do Deus verdadeiro.

A Mente Vã Cheia de Imaginação

A mente vã é a que intenta enganar outros, mas de facto ela é a pessoa enganada. Pensa que pode enganar Deus e que engana outras pessoas, mas o que realmete sucede é que se engana a si mesma.

A mente é anulada, quando existem certos padrões de pensamentos que estão cativos a maneiras de viver que não se puderam quebrar, como por exemplo, a rejeição, a preocupação ou o medo. Há muita gente presa por

Sendo Livre Nos Pensamentos

padrões de comportamento. Uma mente é anulada, quando há uma imaginação descontrolada.

Quando Deus vai falar consigo não lhe lhe dá imaginações, Ele fala pela Sua Palavra, que são factos reais e contundentes.

Há um tipo de ensino muito popular no meio cristão que diz: *"visualiza o que queres ter"*. As visões devem proceder da parte de Deus pelo Espírito Santo, não da sua própria mente, na qual se movem pensamentos egoístas. A "imaginação" é usada pelos bruxos, é o estado mental debaixo do controle da carne e não sob o domínio do Espírito de Deus. Em nenhuma parte da Palavra diz que para alcançar uma promessa de Deus, há que imaginar, visualizar ou ver por si mesmo algo; isso pode converter-se em *meditação transcendental*, yoga, que vem do *hinduísmo*. Não tem que se visualizar nada para crer que Deus pode dar-lho, se Ele o prometeu só deve crer.

O que necessita é aceitar a Palavra como está escrita e crer nela. O Espírito Santo lhe dará fé e certeza no seu coração para que se aproprie dela.

Quando medita na Palavra de Deus, vai-se o desânimo, o cansaço, o desalento, e é cheio do Espírito Santo. Já não será um anémico espiritual, mas será forte em

Deus. Se entrega a sua mente a Cristo permanecerá na verdade e nenhuma força virá que possa desestabilizar a sua vida. Antes de agir consulte a vontade de Deus e terá pensamentos corretos para tomar boas decisões.

Terá o que Cristo lhe prometeu, baseado na Palavra, porque estará pedindo a Deus o que é conforme à Sua vontade.

A Mente Sempre Debaixo do Sangue

Tome com cuidado estas palavras e tenha atenção para que as saiba pôr em prática quando precisar delas, porque se ensinou por muito tempo, desde os púlpitos cristãos, a levar a mente a "estados de passividade", quer dizer, estados mentais onde as pessoas sem o saber puseram a sua mente em branco. Querido leitor, se lhe ensinaram isso, repreenda essa instrução, porque pode estar cativo por um espírito de erro!

Não é de Deus acreditar que cai debaixo do poder de Deus e entrar num transe em que não sabe o que lhe aconteceu. Quando se está debaixo da Sua presença, sempre se tem consciência do que sucede ao redor.

Deus nunca quer anular a sua personalidae nem deixá-lo inconsciente, isso só acontece quando as pessoas consultam os espiritistas ou são hipnotizadas. Quando está debaixo da Presença e da Glória de Deus, está consciente e recorda tudo o que se passa ao seu redor, e, ao mesmo tempo, dá-se conta de como Deus ministra à sua alma; entra na Sua paz, nunca cai em transe. O esquecer-se das coisas nesses momentos é sinal de que está a ser usado por um espírito de controle mental.

Há que resistir a todo o espírito de manipulação e controle que conseguiu infiltrar-se nas igrejas locais.

Deus vai levantar uma bandeira de poder nesta hora, e vai deter a hipocrisia e a falsidade em muitas pessoas. Muitos ministérios serão postos de lado, porque tiraram a glória a Deus e a tomaram para si mesmos.

A Chave Para a Renovação

Deve-se disciplinar a mente, em vez de se deixar levar por ela. Como se consegue isso? Pondo-a a pensar! Acerca de quê? Em tudo o que é amável e justo, como diz a Palavra!

Como se consegue alcançar a Mente de Cristo?

Se somente está inclinado ao que é terreno e não consegue pensar no que o edifica, será muito difícil conseguir. Precisa de começar a trabalhar dentro de si, com uma atitude responsável de auto disciplina, para alinhar os seus pensamentos com Deus. É evidente que neste processo é necessário a maturidade e o desejo profundo para consegui-lo. Isaías disse pela boca de Deus o seguinte:

Isaías 55:9 RVR1960

"...os Meus pensamentos são mais altos que os vossos pensamentos."

Isto é uma verdade determinante; por isso a Palavra diz-lhe que Cristo fez-se homem para *ser semelhante a si*, a fim de o ajudar nas suas fraquezas.

Como já deve ter notado, a sua mente é a parte mais débil que possui.

Essa é a dificuldade que muitas pessoas têm, não podem mudar os seus pensamentos, pois sempre estão ocupados a pensar nas coisas materiais, nos problemas da vida e com tudo o que está relacionado com as coisas que o mundo oferece. Lamentavelmente, a mente é suscetível e facilmente se deixa enganar e influenciar pelo que a rodeia.

Apesar da situação em que se vive hoje em dia, deve-se superar todas estas más influências, crendo nas promessas que Deus oferece.

Uma delas diz:

Isaías 26:3 RVR1960

Sendo Livre Nos Pensamentos

"Tu conservarás em completa paz aquele cujo pensamento em Ti persevera; porque em Ti confiou."

Este é um dos princípios que tem que pôr por obra diariamente, permanecendo com constância e firmeza.

A todos aqueles que mantêm o seu pensar no Senhor Jesus e na Sua fidelidade, Ele prometeu que a paz que provém de Si mesmo será a que os guardará contra o pânico e o medo.

A promessa de Deus é que se você confia n'Ele plenamente, pode estar confiado que Deus cuidará de si. O inimigo sabe que não pode tocar-lhe, a menos que contamine os seus pensamentos.

A Obra Reconstrutora de Cristo

Depois do novo nascimento, o Espírito Santo começa a reconstruir tudo o que estava destruído na sua vida, tudo o que o pecado tinha danificado. Quando a Bíblia fala de reconstruir as portas e levantar os muros caídos, o que quer dizer é, reconstruir a personalidade numa nova criação. Alguns pensam que podem seguir sendo iguais como eram antes de conhecerem a Cristo. Isto não é assim! O poder que tem a morte e a ressurreição do Senhor nas vidas é poderoso! Tudo é feito novo, o velho passa, para que seja convertido numa nova criatura.

Não pode permitir que satanás lhe diga que continua a ser o mesmo de sempre. Não se esconda debaixo da aparência do passado, a sua personalidade deve estar em sintonia com o que está a viver e a crer neste momento, que é a nova vida em Deus. O Senhor deseja que se deixe capacitar pelo Espírito Santo para uma vida vitoriosa. Deve agradecer ao Espírito Santo, porque Ele pode reconstruir os seus muros caídos e pode levantar as portas que estavam queimadas. Quando o Espírito Santo o rodeia, com os muros reconstruidos, e tem portas novas na sua vida, o inimigo já não poderá entrar.

Palavra Profética para este tempo

Mas assim diz o Espírito do Senhor: "Eu farei tremer todo o que não está fundamentado sobre a rocha de Jesus Cristo. Comoverei de um extremo ao outro extremo, revelarei tudo o que está escondido, e o pecado já não será retido, guardado, nem escondido. O pecado sairá à luz, a maldade sairá à luz; as trevas não poderão suportar a luz da revelação pura do Evangelho de Deus. Os que foram enganados têm um tempo de se arrependerem, mas os que não o façam num tempo final e último, nunca o poderão fazer mais tarde. Este é um tempo novo, eu vou trabalhar e renovar mentes que estejam dispostas a serem renovadas, vou levantar aqueles que olhem para Mim e não para os homens, porque a Minha glória não a compartilho com nenhum ser humano, a Minha glória pertence-Me, só é para

Sendo Livre Nos Pensamentos

Mim, e com ninguém mais a compartilharei. Vou encher o Meu povo com a Minha glória, com a Minha presença e o Meu poder, porque é a maneira de permanecer em pé, de não ser debilitado pela apostasia que corre sobre o mundo. Este é um tempo novo...se aprendes a controlar os teus pensamentos, permitindo que Eu governe sobre eles, serás fortalecido para amar, para Me buscares, para andar na Minha verdade, porque a Minha verdade sempre permanecerá...sempre que Eu falo e sempre que as pessoas dizem ouvir a Minha voz, a Minha Palavra leva sementes que são colocadas na vida dos seres humanos; quando isso se planta dentro do ser interior, vão germinar em vida e vão produzir os frutos do que Eu lhes estou ministrando."

11

Mente Carnal ou Espiritual

A maioria das pessoas desejam uma vida, plena e feliz. Muitos querem estar livres de conflitos e stress, porque querem alcançar êxito como os outros (assim pensa a maioria), enquanto que há outros que se sentem aborrecidos consigo mesmos e com os demais, e especialmente com Deus. Temos hoje uma realidade, é que ainda não se conseguiu chegar a ter uma só mente, como Cristo pediu ao Pai. Há muitos crentes ainda imaturos, cativos e outros debaixo de confusão mental. As mensagens mais comuns que se ouvem para aplacar a consciência dos cristãos débeis são: "Deus não terminou contigo"; "o melhor está por vir"; "não importa quantas vezes caias, Ele sabe da tua debilidade"; "Deus sabe que sou débil, me escondo na Sua fidelidade". Em parte, estas mensagens o que fazem é seguir alimentando os crentes fracassados e carnais.

No Livro de Romanos, nos capítulos sete e oito, Paulo explica de uma forma clara e consistente, como o cristão pode alcançar e ir mais além de ser um crente carnal e imaturo, para chegar a ser um filho de Deus, de caráter sóbrio e maduro. Para ele a solução é que deve aprender a andar no Espírito e não na carne.

O que é Andar na Carne?

Há duas formas de viver a vida cristã; uma é andar no Espírito e a outra é andar na carne. No Espírito, guarda-se em todo o testemunho, ora-se no Espírito, vigiando em todo o tempo e não satisfazendo os desejos pecaminosos da carne. O andar na carne é ser um crente débil na fé, que sempre tropeça na mesma debilidade, nunca ora nem dá testemunho a outros. Este último identifica-se por deixar fora da sua vida privada a prioridade a Deus, não O considera nas suas mais eloquentes decisões (porque são muito íntimas e pessoais para ele). A isto podemos chamar, *"eu sei o que faço e ninguém me diz o que tenho que fazer."* Em Romanos é descrito como viver no natural ou carnal.

Romanos 8:5 RVR1960
"Os que são da carne pensam nas coisas da carne; mas os que são do Espírito, nas coisas do Espírito."

A palavra *carne* em grego é /*sarx*/ e significa: Carne, um ser vivo, seja homem ou animal. A carne denota a mera natureza humana, a natureza terrena do homem, à parte da influência divina, e, portanto, **propensos** ao pecado e **oposto** a Deus.

A mentalidade do cristão carnal sempre está dominada pelo seu próprio eu. É egoísta na sua perceção, tudo se centra em si mesmo e no que o pode satisfazer

Mente Carnal ou Espiritual

carnalmente. Este tipo de mente está controlada pela alma carnal, a natureza natural, sem ser redimida, a qual, desde o coração e sua vontade não rendida a Deus nem à Sua Palavra, exerce domínio sobre todo o ser. Os seus impulsos egocêntricos sempre estão contra Deus. Toma legítimas necessidades humanas e age em conformidade com elas da maneira errada. Inclusivamente, alguns podem até estar a servir a Deus, mas fazem-no por motivos pessoais egoístas.

Nesta passagem, Paulo usa a palavra "carne" para descrever a natureza humana que constantemente produz o fruto do pecado, baseada na vida de desobediência. Esta desobediência afeta a vista, os ouvidos e o que se fala. Este texto mostra de uma forma clara e manifesta que: "Uma das características é que sempre o que é carnal se rebelará contra Deus e Sua Palavra bendita." Paulo utiliza a palavra "pensar", já que o resultado de andar na carne afetará os pensamentos e todo o ser completo, com a sua vontade própria, que fará com que todo o corpo se ponha num só acordo para pecar. Todos os pensamentos da pessoa, os seus sentimentos, escolhas, prioridades, desejos, valores e propósitos, serão totalmente opostos aos de Deus.

É importante saber para que lado uma pessoa se inclina, se for para o lado da carne estrá em oposição a Deus e ao Seu reino. Ou, pelo contrário, se tem uma mentalidade que procura estar em sintonia com o

Espírito Santo, vai deleitar-se em Deus e no lugar para onde Ele o mover. É evidente que Paulo está contrastando as duas formas de pensar.

> Quando a mente se descreve como carnal, indiscutivelmente encontra-se morando e pensando no que gratifica a natureza caída e corrupta.

A Mentalidade dos Não Crentes

> Se coloca o olhar na carne é porque lhe chama a atenção e ainda está dominado numa área da sua vida por ela.

Efésios 2:3 NTV
"... Todos vivíamos assim no passado, seguindo os desejos das nossas paixões e inclinação da nossa natureza pecaminosa. Por causa da nossa própria natureza, éramos objeto da ira de Deus, igual a todos os demais."

As ações e comportamentos estão determinados pelo tipo de forma de vida, no Espírito ou na carne. O que há no seu coração, tem que entender que essa será a atitude que determina como vive a vida cristã.

> Como um homem ou uma mulher pensa no seu coração (ou na mente), assim é ele ou ela.

Mente Carnal ou Espiritual

Se pensa nas coisas da carne, as preocupações, as ambições e os interesses, serão o que vai absorver o seu tempo. É determinante saber aquilo que permite que se estabeleça na sua mente, assim como em que investe o seu tempo, dinheiro e esforço; "...Conforme pensas, serás." É o que propõe na mente que vai determinar a maneira de viver a sua vida cristã.

Uma mente debaixo do controle do Espírito Santo, produzirá o fruto do Espírito. Uma mente colocada na carne produzirá o comportamento mundano e pecaminoso.

Romanos 8:6-8,13 ^{NTV}
⁶ *Portanto, permitir que a natureza pecaminosa lhes controle a mente leva à morte. Mas permitir que o Espírito lhes controle a mente, leva à vida e à paz.* **⁷** *Pois a natureza pecaminosa é sempre inimiga de Deus. Nunca obedeceu às leis de Deus e jamais o fará.* **⁸ Por isso, os que ainda vivem debaixo do domínio da natureza pecaminosa, nunca podem agradar a Deus."**

Há uma consequência do estilo de vida que escolha viver. O Apóstolo Paulo repete a advertência, no versículo 13: *"Porque se viveis conforme a carne, morrereis;...esta classe de atitude dá lugar à morte espiritual."*

O sistema da mente carnal é o oposto a Deus.

1 João 2:15-17 ^{NTV}

¹⁵ *"Não amem este mundo nem as coisas que lhes oferece, porque quando amam o mundo, o amor do Pai não está em vós.* ¹⁶ *Pois o mundo só oferece um intenso desejo pelo prazer físico, um desejo insaciável por tudo o que vemos e o orgulho dos nossos sucessos e possessões. Nada disto provém do Pai. Mas vem do mundo;* ¹⁷ *E este mundo passa com tudo o que as pessoas tanto desejam; mas o que faz o que agrada a Deus, viverá para sempre."*

É de notar que o Apóstolo João define de uma forma contundente e precisa nestes textos a maneira de pensar do cristão. O desafio para o crente tem sido sempre viver no mundo sem ter o estilo de vida que eles têm. Com demasiada frequência, vemos cristãos débeis que se comprometem com o mundo, querendo ser socialmente aceites por eles. No entanto, estão cegos e não entendem que o sistema mundano e a sua mentalidade se opõem totalmente contra Deus. São dois polos opostos, como Belial e Cristo, como a luz e as trevas. Quão preocupante é quando os cristãos não se dão conta disso e tratam de imitar o sistema, porque amam o mundo. Paulo esclarece que os tais não têm o Espírito de Cristo neles. Aquele que ama o mundo mais que a Cristo não nasceu de novo e os seus frutos são da carne.

Mente Carnal ou Espiritual

> A pessoa controlada pela carne torna-se em inimizade contra Deus. Paulo especifica as obras da carne para que as abandonem e renunciem a elas totalmente.

O Apóstolo Paulo dá uma lista das obras da carne.

Gálatas 5:19-21 ^{NTV}
"...Quando vocês seguem os desejos da natureza pecaminosa, os resultados são mais do que claros: imoralidade sexual, impureza, paixões sensuais, idolatria, feitiçaria, hostilidade, lutas, ciúmes, ataques de fúria, ambição egoísta, discórdias, divisões, inveja, bebedices, festas desenfreadas e outros pecados parecidos. Permitam-me repetir o que lhes disse antes: qualquer que leve essa classe de vida não herdará o reino de Deus."

Isto é o que a mente colocada na carne produzirá. Se persiste em viver nela, isso é o que vai produzir na sua vida. Se permite que a sua mente esteja debaixo do controle desta forma de vida, é evidente que viverá dessa maneira. Em si produzir-se-á o que propôs no coração!

> A pessoa é incapaz de agradar a Deus por si mesma.

Não importa o quanto intente esforçar-se para agradar a Deus; enquanto persistir em viver e atuar na carne, não vai poder agradar-Lhe. Quando o coração e a mente estão controlados pela carne, você não pode submeter-se a Deus para Lhe obedecer. Por isso a Palavra diz: "Dá-me, filho Meu, o teu coração, e Eu o sararei". Entregar o coração a Deus é dar-Lhe a sua vontade, os seus pensamentos e todo o seu ser.

Tem que observar o forte contraste em Romanos 8:9: *"Mas vós não viveis segundo a carne, mas segundo o Espírito, se é que o Espírito de Deus está em vós. E se algum não tem o Espírito de Cristo não é d'Ele."*

> Se você nasceu de novo, tem o Espírito Santo dentro de si, e os frutos serão os de Deus.

Romanos 8 11-13 ^{NTV}
^{11}"O Espírito de Deus, que levantou a Jesus dentre os mortos, habita em vós; e assim como Deus levantou a Cristo Jesus dentro os mortos, Ele dará vida aos vossos corpos mortais, mediante o mesmo Espírito, que em vós habita.^{12}Portanto, amados irmãos, não estão obrigados a fazer o que a vossa natureza pecaminosa os incita a fazer;^{13}pois, se vivem obedecendo-lhe, morrerão; mas se mediante o poder do Espírito mortificardes as obras da natureza pecaminosa, viverão."

A ressurreição de Cristo é a garantia de que somos nova natureza, já que a velha foi enterrada nas águas do batismo; pela fé; agora, somos novas criaturas. Os verdadeiros crentes morreram para as suas paixões e deleites e Cristo mora em seus corações. Ele não é um hóspede ocasional ou temporário, o Espírito Santo fixou a Sua habitação no coração, fazendo morada permanente. Recorde confiadamente que não deve nada à carne, Jesus Cristo pagou por si, mediante a Sua morte na cruz. Paulo disse: "Assim que irmãos, devedores somos, não à carne para que vivamos conforme a carne, porque se viveis conforme a carne, morrereis; mas se pelo Espírito fazeis morrer as obras da carne, vivereis."

Qual é o Fruto desta Forma de Pensar?

Agora Paulo diz, vou-lhes mostrar uma melhor forma e qualidade de vida abundante, terão a opção de decidir e permitir que a vossa mente pense nisso.
Aqui há outra maneira, é a vida que não terá limites, é eterna.

A Mente Espiritual

O crente está eternamente seguro em Cristo – Romanos 8:1. Aqui é o onde o crente encontra a sua verdadeira identidade, segurança, propósito e desenho. Isto vem de Cristo, morando em si pelo Espírito Santo. Só Cristo pode satisfazer a sua vida, porque só Ele tem águas que jorram para a vida eterna. O Espírito Santo cria nos verdadeiros e genuínos crentes uma profunda entrega de obediência e fidelidade a Deus. O verso 5 recorda-nos a mente controlada pelo Espírito, *"os que são da carne pensam nas coisas da carne, mas os que são do Espírito, nas coisas do Espírito."* A mente do cristão deve estar constantemente nas coisas do Espírito e no que agrada a Deus (manifestado na Sua Palavra).

> O princípio da natureza renovada deve saturar os seus pensamentos e portanto também as suas ações e características da sua vida.

Recordemos uma vez mais este poderoso versículo:
Romanos 12:2 diz: *"Não vos conformeis com este mundo, mas transformai-vos por meio da renovação do vosso entendimento, para que comproveis qual seja a boa vontade de Deus, agradável e perfeita."*

Dá-se conta que agora tem uma opção? Já não é nem deveria ser um escravo da carne; já não tem de deixar que o pecado se assenhoreie de si e muito menos que governe a sua vida.

Os Verdadeiros Crentes têm Vida e Paz

O caminho da santidade é o caminho da vida e da paz. Esta passagem sublinha que não há outro caminho para encontrar a vida e a paz. A vida carnal está cheia de stress, cansaço, esgotamento e debilidade. A vida

Mente Carnal ou Espiritual

controlada pelo Espírito está cheia de paz, fortaleza, salvação e segurança.

> Os cristãos andam do Espírito, se é que o Espírito de Deus habita neles.

O poder tranformador do Espírito mora em todos os crentes, uma vez que estes receberam a nova natureza e foram batizados nas águas. Cada crente nascido de novo tem o Espírito Santo morando nele; para isso necessita render-se a Ele sem reserva alguma. É muito importante entregar-Lhe por completo todas e cada uma das áreas da sua vida, que precisam estar em submissão à Sua vontade a cada dia. Quando o Espírito redargúi ou lhe mostra algum erro, há que confessá-lo, arrepender-se e imediatamente deixar de o fazer. Uma vez que seja sensível ao Espírito Santo, Ele ir-lhe-á assinalando as determinadas promessas que agora tem em Cristo, para que alcance uma vida cristã vitoriosa, não derrotada. Jesus disse:

João 15:4-5 RVR1960

$^{4"}$Permanecei em Mim e Eu em vós. Como a vara não pode dar fruto por si mesmo, se não permanece na vide, assim também vós, se não permanecerdes em Mim.^{5}Eu sou a videira, vós as varas; o que permanece em Mim e Eu nele, este dá muito fruto, porque separados de Mim nada podeis fazer."

Anakainosis da Vossa Mente

Aqui vemos a relação pessoal e íntima com Cristo, que é a maneira correta de estar caminhando no Espírito. Tarta-se de estar humilhado diante da Sua presença e rendido por completo à Sua vontade. Existe a constante renovação para o crente influenciado e que se deixa levar por Ele em obediência; a renovação da nossa imagem à semelhança de Cristo é um processo gradual e obtém-se quando constantemente estamos diante da Sua presença.

É importante compreender que antes de ser cristão era escravo do pecado, mas agora foi liberto e tem o poder para viver livre de condenação e morte, porque o Espírito de Cristo vive em si. O resultado de uma decisão correta será receber os frutos que agradam a Deus.

Gálatas 5:22-23 [NBLH]
[22]"*Mas o fruto do Espírito é amor, gozo, paz, paciência, benignidade, bondade, fé,* [23]*mansidão, temperança; contra tais coisas não há lei.*"

> **O que ocorre quando decido deixar-me levar pelo Espírito de Deus e não pela carne?**

Quando entende que as obras da carne estão sempre vigentes em si, vai compreender porque Jesus disse: "*aquele que quiser ser Meu discípulo tome a Minha cruz e siga-Me*". É a única forma de poder desfazer dentro de si as obras da carne, indo à cruz e morrer uma e outra

Mente Carnal ou Espiritual

vez, render a sua vontade e decidir fazer a Sua, que é agradável e perfeita.

O meu pior inimigo é a minha própria carne, que se levanta contra o Espírito de Deus dentro de mim, para fazer o que eu não quero fazer.

Para Jesus, a vontade de Seu Pai foi a boa e a perfeita, que O levou à cruz. Uma vez que foi obediente, recebeu toda a exaltação. Todo o poder. louvor, riquezas e reino. Assim será para si e para todo aquele que ama mais a Cristo do que aos prazeres do mundo. A glória que nos espera é demasiado valiosa para não pagar o preço. O preço será a minha obediência, a sua obediência, a minha firme determinação, a sua firme decisão de deixar para trás o mundo e de O amar acima de tudo.

Somos responsáveis perante o Espírito Santo para fazer morrer as obras da carne.

Paulo sublinha a nossa responsabilidade, dizendo:

Romanos 8:13 [RVR1960]
"porque se viveis conforme a carne, morrereis, mas se pelo Espírito fazeis morrer as obras da carne, vivereis."

Se escolhe cuidar da sua vida natural, morrerá e perderá a vida eterna. Se escolhe a duradoura e a que

> permanece para sempre, terá que fazer morrer as obras da carne, o que significa cortá-las e matá-las. Viver a vida cristã é uma questão de decisão, determinação e firmeza.

Jesus disse: *"Conhecereis a árvore pelos seus frutos"*. Que tipo de fruto está a produzir? A sua mente está ocupada a pensar nas coisas da carne ou nas coisas do Espírito? Uma maneira de poder medir em que lado está, será pelos frutos que está a dar. Se a sua mente está posta na carne é evidente que colherá as obras da carne. Mas se está centrado no sistema da mente controlada pelo Espírito, vai produzir os frutos do Espírito. Determine portanto, a partir deste mesmo instante, ter uma mente espiritual e não carnal; esta é uma das decisões mais importantes que pode fazer na vida.

12

Orações Que Alinham A Sua Mente A Cristo

Tendências e características diferentes de uma mente transformada e renovada. Tem que estar disposto a renunciar e a confessar, enquanto ora na presença de Deus.

Mente Alucinada ou Mente Sensata e Cheia de Prudência

«Renuncio a ter uma mente insensata, que se deixa seduzir por ilusões passageiras e pensamentos erróneos que não vêm de Deus, e fazem com que a minha mente delire em imaginações.»

Isaías 44:20 ^{NTV}
"O pobre iludido alimenta-se de cinzas; confia em algo que não o pode ajudar em absoluto. No entanto, não é capaz de se perguntar: Este ídolo que tenho na mão não será uma mentira?"

«Eu declaro que tenho uma **mente sensata**, amante do bem, da prudência, da vida reta e é dona de si mesma.» (Tito 1:8)

Mente Turvada ou Mente Pura

«Renuncio e me liberto de todo o pensamento que faz com que a minha mente permaneça turvada, que não possa compreender nem entender a Palavra de Deus, e que me impeça de escutar com clareza o conselho sábio do Senhor.» (Marcos 6:52)

«Declaro que tenho uma **mente pura e clara**, que está alinhada à mente de Deus e pode receber d'Ele a instrução e o ensino. Na Tua Palavra diz que:

Salmos 24:4-5 ^{RVR1960}
⁴ "O limpo de mãos e puro de coração (mente); o que não elevou a sua alma a coisas vãs...⁵Este receberá a bênção... e a justiça do Deus da sua salvação."

Eu desejo ter isso na minha vida.»

Mente Carnal ou Mente de Cristo

«Renuncio a toda a mente suja, carnal e a todo o pensamento imundo que tenha penetrado na minha vida, deteriorando a minha comunicação com Deus.» (Apocalipse 22:11 ^{BHTI})

«Declaro que a minha mente é a **mente de Cristo**, porque Ele lavou com o Seu sangue os meus pensamentos e me libertou de todas as más recordações.»

1 Coríntios 2:16 ^{NBLH}
"Porque quem conheceu a mente do Senhor para que possa instruí-Lo? Mas nós temos a mente de Cristo."

«Santifico-me dia a dia através do conhecimento da Sua Palavra e desta maneira a minha mente **renova-se e transforma-se.**»

Salmos 51:10 ^{NBLH}
"Cria em mim, ó Deus, um coração limpo, e renova dentro de mim um espírito reto."
«**Se a minha mente muda, tudo me sairá bem.** Necessito da mente de Cristo! Se a minha mente muda, a minha alma muda e se a minha alma muda, a minha vida muda. Só preciso ser como Ele.»

Romanos 12:2 ^{LBLA}
"E não vos adapteis a este mundo, mas transformai-vos mediante a renovação da vossa mente, para que verifiqueis qual é a vontade de Deus: O que é bom, aceitável e perfeito."

Mente Reprovada ou Mente Íntegra

«Renuncio a toda a mente reprovada e pervertida, que me leva a fazer o que não devo.» (Romanos 1:28)

«Renuncio a tudo aquilo que resiste à verdade, e ao que não me ensina o caminho correto de Deus, que faz com que a minha mente seja corrupta e tenha falta de entendimento em relação à fé.» (2 Timóteo 3:8)

«Declaro que a minha **mente é íntegra**, livre de toda a soberba e pensamento de rebelião que resista à Palavra de Deus. Peço-Te, Pai, no Nome de Jesus.»

Salmos 119:80 ^{RVR1960}
"Seja o meu coração íntegro para com os Teus estatutos, para que eu não seja envergonhado."

Mente Religiosa ou Mente Íntegra

«Renuncio a ter uma mente religiosa e orgulhosa, que me encha de pensamentos arrogantes e erróneos, e que em lugar de me aproximar de Cristo me afaste d'Ele.» (Colossenses 2:18).

«Renuncio a toda a tradição religiosa que invalide o que a Palavra de Deus queira fazer na minha vida, e liberto-me de todo o *pensamento filosófico que me enganou "com teorias e argumentos falsos, que não se apoiam em Cristo, mas nas tradições dos homens e nos poderes que dominam este mundo"*(Colosenses 2:8 ^{DHH}).

Declaro que tenho uma **mente simples**, porque creio no que Deus diz na Sua palavra.»

Salmos 19:7 ^{RVR1960}
"A lei do Senhor é perfeita, e transforma a alma...e dá sabedoria aos símplices."

Mente Arrogante ou Mente Humilde

«Eu me arrependo de qualquer maldição geracional de avareza, amor a mim mesmo e amor ao dinheiro, egoísmo, orgulho, altivez, soberba e arrogância, e declaro-me livre, em Nome de Jesus de Nazaré. Não sou arrogante, nem ponho a minha esperança em algo tão inseguro como o dinheiro, os títulos, ou as posses materiais, mas antes confio em Deus.»

1 Timóteo 6:17 ^{BLPH}
"...que nos concede desfrutar de tudo em abundância."

«A minha fé no Senhor mantém-me em pé; sigo adiante porque sei que sou filho(a) de Deus e confio que Ele cuida de mim. Declaro-me humilde de espírito, porque reconheço que sem Deus não posso chegar a lugar nenhum, e que dependo totalmente do Seu amor e da Sua graça divina para seguir em frente.»

Isaías 57:15 ^{RVR1960}
"Porque assim diz o Alto e o Sublime, O que habita na eternidade e cujo nome é O Santo: Em um alto e santo lugar habito, e com o quebrantado e humilde de espírito,

para vivificar o espírito dos humildes e para vivificar o coração dos quebrantados."

Mateus 11:29 ^{RVR1960}

*"Tomai o Meu jugo **sobre vós**, e aprendei de Mim, que sou manso e humilde de coração. E **achareis descanso para as vossas almas**."*

Mente Endurecida e Rebelde ou Mente de Acordo com Cristo

«Renuncio a toda a cegueira e surdez espiritual, que tenha vindo como consequência da rebelião e faz com que eu não veja nem entenda o que Deus fala à minha vida.» (Juan 12:40).

«O meu coração não está endurecido, nem é de pedra e a minha mente alinha-se e coloca-se de acordo com o que diz Deus e a Sua Palavra.»

Ezequiel 36:26-27 ^{NTV}

^{26} *"E vos darei um coração novo e porei dentro de vós um espírito novo. Tirarei esse coração de pedra e vos darei um coração terno e recetivo.^{27} Porei dentro de vós o Meu Espírito, para que sigais os Meus decretos e se assegurem de obedecer aos Meus estatutos."*

Mente Transtornada e Mente Entendida

«Peço-Te, Senhor, que tires da minha vida todo o pensamento que vem para transtornar a minha mente,

Orações Que Alinham A Sua Mente A Cristo

trazendo falta de entendimento e que me leva a cometer iniquidade diante de Ti. *(Provérbios 6:32).*

Na Tua Palavra diz:

Salmos 119:12 ^{RVR1960}

"Quem poderá entender os seus próprios erros? Livra-me dos que me são ocultos."

Salmos 119:133 ^{RVR1960}

"Ordena os meus passos na Tua Palavra, e nenhuma iniquidade se apodere de mim."

Renuncio a ter uma mente transtornada ou confusa *(Daniel 4:16)*, e declaro que a minha **mente é aberta e entendida.**

Lucas 24:45 ^{NTV}

"Então **lhes abriu** a mente para que entendessem."

Salmos 119:34 ^{RVR1960}

"Dá-me entendimento, e **guardarei a Tua** lei, e a cumprirei de todo o coração."

Salmos 111:10 ^{RVR1960}

"...Bom entendimento têm todos **os que praticam** os Seus mandamentos...

1 Reis 3:9 ^{PDT}

"Ao teu servo, pois, dá uma mente que entenda como governar o Teu povo, e que saiba a diferença entre o bem e o mal, **Quem será capaz de governar a este Teu tão numeroso povo?"**»

Mente Perturbada ou Mente Limpa

«Renuncio a toda a mente perturbada, apressada e ansiosa, que não pode controlar-se e que sempre pensa o pior (Daniel 5:6). Liberto a minha mente de pensamentos de medo que vêm como dardos para perturbar a minha tranquilidade e fazem com que as minhas emoções se descontrolem. Lanço para fora de mim a angústia, a agitação, a azáfama, a ansiedade que traz *confusão, e desassossego mental*. Declaro a Palavra, como diz em:

1 Pedro 4:7 [PDT]
*"O final de tudo está próximo, assim que mantenham-se sóbrios e saibam controlar-se. Isso **os ajudará a orar.**"*

A minha mente é limpa, clara e tranquila, e sou livre de todo o medo.»

Mente Pagã ou Mente Espiritual

«Renuncio a todo o espírito de desobediência e rebelião espiritual, que me faça afastar de Deus e da Sua Palavra, me induza a pecar e a ir após outros ídolos. (Levítico 26:41).

Orações Que Alinham A Sua Mente A Cristo

Declaro que sou nascido(a) de novo, com um novo coração, e tenho uma **mente espiritual**, porque vivo conforme o Espírito de Deus.»

Na Tua Palavra diz que:

Romanos 8:5-6 ^{DHH}

⁵"Os que vivem segundo as inclinações da natureza débil, só se preocupam em segui-las; mas os que vivem conforme o Espírito, preocupam-se com as coisas do Espírito.⁶ E preocupar-se em seguir as inclinações da natureza débil leva à morte; mas preocupar-se com as coisas do Espírito leva à vida e à paz."

Mente Vaidosa e Mente Sóbria

"Isto, pois, digo e testifico no Senhor, para que não andeis mais como andam também os outros gentios, na vaidade do seu sentido." - Efésios 4:17.

«Declaro que não tenho uma mente vaidosa, mas uma mente sensata e sóbria.»

2 Timóteo 4:5 ^{RVR1960}

"Mas tu sê sóbrio em tudo, suporta as aflições..."

Mente Embrutecida e Torpe ou Mente Inteligente

«Renuncio a toda a torpeza mental que me faz cometer erros e agir nesciamente. Não quero ser de coração torpe, mas deleitar-me nos Teus ensinamentos e seguir os Teus caminhos (Salmos 119:7). Declaro que tenho uma **mente inteligente** que busca conhecimento divino e entende os propósitos e os desenhos de Deus (Provérbios 15:14).

Provérbios 16:21 ᴰᴴᴴ
*"**Ao que pensa sabiamente,** se lhe chamará inteligente; as palavras amáveis convencem melhor."*

Mente Precipitada ou Mente Prudente

«Toda a mente precipitada, impulsiva e agitada venha à paz do Senhor. Declaro que eu não vou agir com precipitação mas com prudência, e quando me *expressar direi as coisas com toda a clareza (Isaías 32:4).*

A minha **mente é clara** e aguda como a do profeta Daniel...»

Daniel 5:14 ᴰᴴᴴ
"Tenho ouvido dizer que o Espírito de Deus está em ti, que tens uma mente clara e que és muito inteligente e sábio."

Mente Astuciosa ou Mente Cabal

«Toda a perversidade oculta no meu coração, e tudo aquilo que me faça pensar mal das pessoas, seja lançado fora da minha vida. Renuncio a acender desavenças e a começar discussões e brigas com os demais (Provérbios 6:14).

Declaro que a minha **mente é íntegra** e que tudo o que Deus me instrui na Sua Palavra, eu o faço.»

Tito 2:12 ^{NTV}
"E se nos instrui a que nos apartemos da vida mundana e dos prazeres pecaminosos. Neste mundo maligno, devemos viver com sabedoría, justiça e devoção a Deus."

Mente Oca ou Mente Experimentada

Jó 11:12 ^{NTV}
"O que tem a cabeça oca não chegará a ser sábio, como tão pouco um burro selvagem pode dar à luz uma criança."

«Senhor, confesso que tenho uma mente experimentada, porque sou inteligente, uso a minha mente para aprender mais da Palavra de Deus, e escuto com atenção, a fim de aumentar o meu conhecimento.» (Provérbios 18:15).

Mente Insensata ou Mente Sábia

A pessoa prudente oculta o seu saber, a insensata apregoa a sua estultícia (Provérbios 12:23).

Provérbios 15:14 ^{RVR1960}

Anakainosis da Vossa Mente

"*O coração entendido busca a sabedoria, mas a boca dos néscios alimenta-se de estultícia.*"

BIBLIOGRAFIA

Dicionário Strong

Dicionário da Real Academia Española

Dicionário Vine

Dicionário Bíblico

"Mind Control? Scientists Have Discovered How To Use Nanoparticles To Remotely Control Behavior!" – *End of The American Dream* http://endoftheamericandream.com/archives/mind-control-scientists-have-discovered-how-to-use-nanoparticles-to-remotely-control-behavior

www.ingramcontent.com/pod-product-compliance
Lightning Source LLC
Chambersburg PA
CBHW060511100426
42743CB00009B/1287